LE STRESS PROFESSIONNEL

KOOROSH MASSOUDI

LE STRESS PROFESSIONNEL

Une analyse des vulnérabilités individuelles et
des facteurs de risque environnementaux

PETER LANG

Bern · Berlin · Bruxelles · Frankfurt am Main · New York · Oxford · Wien

Information bibliographique publiée par «Die Deutsche Nationalbibliothek»

«Die Deutsche Nationalbibliothek» répertorie cette publication dans la «Deutsche National-bibliografie»; les données bibliographiques détaillées sont disponibles sur Internet sous ‹http://dnb.d-nb.de›.

Publié avec l'appui du Fonds national suisse de la recherche scientifique, de la Fondation du 450ème anniversaire de l'Université de Lausanne et de la Société académique vaudoise.

Image de couverture: jardin zen du temple Ryôan-ji, Kyoto, Japon © Olivier Rivas

Réalisation de la couverture: Eva Rolli, Peter Lang AG

ISBN 978-3-03911-777-2

© Peter Lang SA, Editions scientifiques internationales, 2009
Hochfeldstrasse 32, CH-3012 Bern
info@peterlang.com, www.peterlang.com, www.peterlang.net

Tous droits réservés.
Réimpression ou reproduction interdite par n'importe quel procédé, notamment par microfilm, xérographie, microfiche, offset, microcarte, etc.

Imprimé en Allemagne

Les hommes sont tourmentés par les opinions qu'ils ont des choses,
non par les choses mêmes.

(Montaigne)

Mon cœur n'a pas été trop privé de science,
Peu de secrets ont pu tromper ma clairvoyance.
Ayant regardé sagement, j'ai vu clair
Et fini par savoir ma complète ignorance

(Omar Khayyâm)

Remerciements

Cette étude représente le résultat de cinq années de travail au sein de l'équipe du Professeur Jean-Pierre Dauwalder et s'inscrit dans la thématique de recherche et d'intervention de son groupe de travail : la psychologie du conseil et de l'orientation. Pendant ces cinq années, mes activités de chercheur et de praticien m'ont permis de rencontrer des personnes confrontées aux pressions croissantes du monde professionnel, d'entendre le récit de leur vécu subjectif et de leur souffrance et d'approfondir ma compréhension du stress professionnel. Je tiens toutefois à préciser que si ma formation et ma pratique spécifiques m'amènent à me focaliser sur la surcharge professionnelle et son lien avec les manifestations somatiques et psychologiques engendrées, je ne saurais réduire le travail humain à ses retombées pathologiques. A travers cette réflexion, je n'ai cessé d'être fasciné par cette activité qui, loin de se résumer à une production matérielle tangible ou à une valeur marchande et négociable, acquiert son véritable sens de la capacité des hommes et des femmes qui la réalisent : l'énergie, la créativité et l'intelligence qu'ils déploient pour dépasser les limites des tâches prescrites, ainsi que l'abnégation, l'endurance et la solidarité dont ils font preuve pour faire face à l'adversité.

Je tiens à remercier ici toutes les personnes qui m'ont soutenu dans la réalisation de ce travail. Plus particulièrement, j'aimerais exprimer ma gratitude envers celles et ceux qui ont accepté de prendre part à cette recherche, ainsi que les directions des institutions qui ont collaboré à ce projet. Ma reconnaissance s'adresse également à Messieurs les Professeurs Jean-Pierre Dauwalder, Jérôme Rossier et Jean-Pierre Rolland pour leur soutien, leurs conseils judicieux et la pertinence de leurs remarques. Enfin, j'aimerais remercier du fond du cœur mes parents pour leur confiance indéfectible et leur amour inconditionnel.

Table des matières

Préface XV

I. *Conceptions théoriques* 1
 1. Définitions 1
 2. Le stress en tant que phénomène social 2
 3. Le stress en tant que concept scientifique 3

II. *Causes, coûts et conséquences du stress professionnel* 9
 1. Les causes : L'évolution du contexte professionnel 11
  1.1. La transformation du travail 12
  1.2. Les changements organisationnels 12
 2. Les conséquences :
  Pathologies liées au stress professionnel 14
  2.1. Les troubles musculo-squelettiques 14
  2.2. Les troubles cardio-vasculaires 15
  2.3. Les troubles psychologiques 15
 3. Les coûts du stress professionnel 16

III. *Approches empiriques* 19
 1. L'approche physiologique :
  Le stress en tant que réponse 22
  1.1. Le principe d'homéostasie 22
  1.2. Le Syndrome Général d'Adaptation 22
 2. L'approche causaliste : Le stress en tant que stimulus 23
  2.1. Les événements de vie :
   événements majeurs vs événements mineurs 24
  2.2. Les modèles ergonomiques 27
 3. L'approche transactionnelle : Le stress
  en tant que processus 29
  3.1. Appraisal : L'évaluation cognitive 30

IV. *Coping: Les conduites d'ajustement au stress* 33
   1. L'approche psychanalytique:
     Le coping en tant que mécanisme de défense 34
   2. L'approche structurale: Le coping en tant que disposition ... 36
   3. L'approche situationnelle:
     Le coping en tant que processus 38
   4. Personnalité, stress et coping 40
     4.1. Comportement de type A 41
     4.2. Locus of Control 42
     4.3. Névrosisme 42
     4.3. Conscience 44

V. *Spécificités des groupes étudiés* 45
   1. Le stress du personnel des services de secours
     et d'incendie 45
     1.1. Les incidents critiques: Le stress post-traumatique 46
     1.2. Les situations de travail: Le stress quotidien 47
     1.3. Les facteurs de protection 48
   2. Le stress du clergé 49
     2.1. La religion:
     Source de réconfort ou facteur de stress? 49
     2.2. Les stresseurs spécifiques 49

VI. *Hypothèses de travail* 53
   1. Objectifs et questions de recherche 53
   2. Modèle théorique 55
   3. Hypothèses 56

VII. *Méthode* 59
   1. Conditions de l'enquête 59
   2. Description de l'échantillon 59
     2.1. Age 59
     2.2. Sexe 60
     2.3. Situation familiale 60
     2.4. Nombre d'enfants et enfants à charge 60

2.5. Lieu de domicile 61
2.6. Profession du conjoint 61
2.7. Ancienneté professionnelle 61
3. Instruments 62
3.1. Caractéristiques sociodémographiques 62
3.2. Personnalité 63
3.3. Caractéristiques psychosociales du travail 64
3.4. Stress perçu 64
3.5. Style de coping 65
3.6. Emotions 66
3.7. Satisfaction de la vie 68
3.8. Satisfaction professionnelle 68

VIII. Analyse des résultats 71
1. Personnalité 71
1.1. Validité interne du NEO-FFI-R 71
1.2. Les groupes professionnels 72
1.3. Les variables sociodémographiques 74
2. Les caractéristiques professionnelles 76
2.1. Validité interne du JCQ 76
2.2. Les groupes professionnels 77
2.3. Les variables sociodémographiques 78
3. Stress perçu 80
3.1. Validité interne du PSS 80
3.2. Les groupes professionnels 80
3.3. Les variables sociodémographiques 81
4. Emotions 82
4.1. Validité interne de l'inventaire
     d'Emotionnalité Positive et Négative (E.N.P.) 82
4.2. Les groupes professionnels 83
4.3. Les variables sociodémographiques 85
5. Style de coping 86
5.1. Validité interne du CISS 86
5.2. Les groupes professionnels 87
5.3. Les variables sociodémographiques 88
6. Satisfaction de la vie 89
6.1. Validité interne du SWLS 89

6.2. Les groupes professionnels 89
6.3. Les variables sociodémographiques 89
7. Satisfaction professionnelle 90
7.1. Validité interne du Jobsat 90
7.2. Les groupes professionnels 91
7.3. Les variables sociodémographiques 92
8. Liens entre la personnalité et
les caractéristiques professionnelles 93
9. Liens entre la perception du stress et la personnalité 99
10. Liens entre la perception du stress
et les caractéristiques professionnelles 101
11. Liens entre les émotions au travail et la personnalité 103
12. Liens entre les émotions au travail
et les caractéristiques professionnelles 107
13. Liens entre le style de coping et la personnalité 110
14. Liens entre le style de coping
et les caractéristiques professionnelles 112
15. Liens entre la perception du stress et les émotions 116
16. Liens entre le style de coping et les émotions
au travail 118
17. Liens entre le style de coping et la perception
du stress 121
18. Liens entre la satisfaction de la vie
et la satisfaction professionnelle 123
19. Liens entre la satisfaction de la vie
et les déterminants individuels et situationnels 125
20. Liens entre la satisfaction de la vie
et les conduites individuelles 127
21. Liens entre la satisfaction professionnelle
et les déterminants individuels et situationnels 130
22. Liens entre la satisfaction professionnelle
et les conduites individuelles 133
23. La correction d'atténuation des erreurs de mesure 135

IX. Discussion et conclusion 139
1. Les déterminants individuels 139
2. Les déterminants situationnels 141

3. L'interaction Personne-Environnement 146

4. L'évaluation cognitive 146

   4.1. Les déterminants individuels:
      Névrosisme vs Conscience 148

   4.2. Les déterminants situationnels: Charge vs Contrôle ... 148

5. Les conduites d'ajustement au stress 149

   5.1. Les déterminants organisationnels:
      La culture d'entreprise 149

   5.2. Les déterminants situationnels: Charge vs Contrôle 150

   5.3. Les déterminants individuels:
      Névrosisme vs Conscience 151

6. Le bien-être émotionnel 154

   6.1. Les affects: Traits vs Etats 154

   6.2. Les déterminants situationnels: Charge vs Contrôle 156

   6.3. De la primauté des cognitions
      au processus dynamique 157

   6.4. Le rôle des conduites d'ajustement 159

7. Liens entre l'évaluation cognitive et le coping 160

8. La satisfaction 161

   8.1. Les déterminants individuels et situationnels 161

   8.2. Les réactions face aux situations stressantes 163

9. Limites et perspectives 164

X. Références bibliographiques 173

Annexes 1
Distribution des scores moyens par groupe professionnel,
protocole de recherche et questionnaires 197

Préface

Compte tenu de l'importance des conséquences du stress professionnel pour la personne et son entourage, pour les institutions et les organisations, ainsi que pour la société dans son ensemble (Darr & Johns, 2008 ; Houtman & Cedillo, 2008 ; Leka, Griffith & Cox, 2003) une connaissance approfondie de ce phénomène (de sa nature, de ses causes, de ses conséquences, de ses mécanismes…) en vue d'interventions plus efficaces est – bien évidemment – un enjeu de société majeur. On observe en effet un intérêt croissant des chercheurs et des praticiens pour le stress professionnel et l'on peut noter depuis une dizaine d'années un véritable foisonnement des publications sur ce sujet. A titre d'illustration de ce phénomène, une interrogation des bases de données PsycInfo et PsycArticles à partir des mots clefs « Stress at Work » (dans le résumé des articles parus depuis 2000) montre qu'environ 4000 articles ont été publiés sur ce thème dans les périodiques scientifiques (période 2000-2009). Pour des raisons qui nécessiteraient un long développement, un très grand nombre de ces recherches abordent le stress au travail de manière assez fragmentaire et – par voie de conséquence – un très grand nombre d'études publiées souffrent d'un manque préoccupant d'intégration des éléments centraux nécessaires à une compréhension d'ensemble de ce phénomène complexe. A titre d'illustration de ce phénomène et en se limitant à trois exemples parmi d'autres, un très faible nombre d'études prennent en compte simultanément les caractéristiques individuelles (telles que la personnalité dont le rôle est central est bien établi : Grant Langan-Fox, 2007 ; Steel, Schmidt & Shultz, 2008) et les caractéristiques de la situation ainsi que les interactions entre ces deux groupes de variables, or l'analyse de ces interactions est – bien évidemment – essentielle en vue d'une compréhension du phénomène. On peut également observer qu'un très faible nombre d'études prennent en compte les interactions entre vie de famille et vie professionnelle qui (au niveau individuel) sont bien évidemment indissociables, les difficultés ou les satisfactions vécues dans l'une de ces sphère affectant le vécu dans l'autre (Horwitz, Luong & Charles, 2008 ; Ilies, Wilson & Wagner, 2009). On peut encore observer que la majorité des recherches se centrent exclusivement sur les conséquences négatives du stress professionnel et (malgré la définition de la santé par l'OMS[1]) ne considèrent pas le vécu affectivo-émotionnel (satisfaction-insatisfaction, engagement-démotivation, émotions positives-émotions négatives) de la personne dans son ensemble comme le préconisent un ensemble d'auteurs (Langelaan, Bakker, van Doornen, Schaufeli, 2006; Longua, DeHart, Tennen & Armeli, 2009; Rolland, 1999; Rolland, 2000; Schaufeli, Taris & van Rhenen, 2008). Cette focalisation bien compréhensible sur les états mentaux ‹négatifs› ou ‹désagréables› résultant de l'activité professionnelle écarte les éventuels états mentaux ‹positifs› ou ‹agréables› et ne permet pas de comprendre une dynamique hédonique dans laquelle les émotions agréables ou les satisfactions peuvent modérer les émotions désagréables et les insatisfactions, elle aboutit en réalité à une vision tronquée et donc faussée de la dynamique de la personne.

Dans son étude intitulée «Le stress professionnel: Une analyse des vulnérabilités individuelles et des facteurs de risque environnementaux», Koorosh Massoudi parvient à dépasser ces écueils. A partir de définitions claires et étayées ainsi que sur la base d'une documentation solide, Koorosh Massoudi propose en effet un modèle intégratif et dynamique qui fournit une vision complète de ce phénomène complexe qu'est le stress professionnel. Les études engagées sur ces bases conceptuelles et théoriques solides sont menées avec une très grande rigueur et les conclusions générales que l'auteur en tire sont présentées très clairement. L'ensemble démontre la pertinence et la richesse de cette vision intégrative proposée par l'auteur.

Je suis donc tout particulièrement heureux de présenter ce travail et je suis assuré que les nombreux lecteurs (chercheurs et praticiens) y trouveront matière à réflexion et à action.

Jean-Pierre Rolland, Professeur émérite (Psychologie)
Université de Paris Ouest Nanterre La Défense

---

[1] *« La santé est un état de complet bien-être physique, mental et social, et ne consiste pas seulement en une absence de maladie ou d'infirmité ».* (Actes officiels de l'Organisation mondiale de la Santé, n° 2, p. 100) <http://www.who.int/suggestions/faq/fr/

I. Conceptions théoriques

1. Définitions

La tentative de définition du terme « stress » relève d'une entreprise ardue, voir périlleuse, tant son usage est controversé. En effet, la littérature spécialisée déborde d'une multitude de définitions différentes, au point que certains doutent de l'utilité de ce terme (Hinkle, 1973 ; Wheaton, 1996) ou prônent son abandon (Jex, Beehr, & Roberts, 1992). Des nombreuses conceptualisations théoriques du stress découlent autant de manières d'opérationnaliser ce concept, et en fonction de leur référentiel théorique, les chercheurs adoptent différentes méthodologies pour évaluer le stress. Cette diversité des pratiques scientifiques pose de sérieux problèmes de communication et de transférabilité des résultats (Ader, 1981 ; Pollock, 1988). De plus, la popularité croissante du terme en tant que phénomène de société, et son incorporation dans le langage quotidien ont contribué à l'émergence d'un amalgame de différents concepts scientifiques disparates et parfois incompatibles.

Pollock (1988) décrit le stress comme un fait social et culturel. Selon l'auteur, l'impressionnante activité scientifique dans ce domaine et l'intense médiatisation du concept ont contribué à ce que la plupart des gens considèrent le stress comme une part intégrale de la condition humaine. Dantzer (1993) va jusqu'à affirmer que le stress est un mythe qui sert à symboliser (plutôt qu'à véritablement expliquer) un processus psychologique complexe et imperceptible directement (Salas, Driskell & Hughes, 1996). Il serait présomptueux de prétendre clarifier définitivement la nébuleuse de conceptions théoriques différentes dans ce domaine. Dès lors, plutôt que de proposer une définition univoque du stress, nous nous y référerons en tant que concept, et présenterons diverses tentatives de définition et différentes théories explicatives. Pour ce faire, il nous semble important de présenter ici aperçu théorique de l'évolution des conceptions du stress, ainsi que les paradigmes essentiels qui les sous-tendent, avant de porter notre choix sur un point de vue qui délimitera le cadre de ce travail.

2. Le stress en tant que phénomène social

Depuis une vingtaine d'années, le terme stress est progressivement entré dans le langage populaire. Les aléas de la vie moderne, notamment la part grandissante de la sphère professionnelle dans la vie de tous les jours, les tensions quotidiennes suscitées par une société en mouvement rapide, et l'adaptation nécessitée par un monde en changement permanent, ont contribué à ce que le «stress» devienne une expérience familière pour tout un chacun. Plus encore, l'omniprésence de cette notion, tant dans le discours populaire que dans les médias, lui ont conféré le statut d'une sorte de «maladie du siècle». Il semble que chaque époque a une maladie attribuée. En effet, la société a régulièrement recours à des concepts scientifiques pour en faire des notions «génériques» qui permettent une représentation cohérente et économique des malaises de son époque. Comme le font remarquer Cottraux et Jeunet (1985), le stress occupe aujourd'hui la place qu'occupaient l'hypocondrie et la mélancolie au XVIIe siècle, le magnétisme au XVIIIe siècle et l'hystérie au XIXe siècle. Selon Deswaene (2002), le stress s'intègre aujourd'hui dans la vie quotidienne, car il traduit une conception moderniste du XXe siècle qui marque la prédominance des idées en matière d'adaptation et de performance. En occident, dès la fin de leur scolarité, les adolescents sont confrontés aux pressions du marché du travail et à la nécessité de réaliser un choix optimal de formation (Taveira, Silva, Rodriguez & Maia, 1998), souvent désigné par les adultes comme central et irrémédiable. Viennent ensuite la tension engendrée par la sélectivité et les critères de réussite des cursus de formation, puis la compétition, le culte de la performance et l'insécurité qui caractérisent le monde professionnel moderne. De plus, cette logique de la performance, portée par la culture des sociétés industrialisées, déborde souvent de la sphère professionnelle et met l'individu devant d'autres défis à relever: celui d'atteindre l'épanouissement dans sa vie privée, celui de trouver l'harmonie dans sa vie familiale, ou encore d'anticiper une transition optimale vers la retraite.

Pour véritablement comprendre l'ampleur du stress en tant que phénomène social, il faut ajouter à cela la démocratisation de la psychologie et la recherche légitime des individus à tendre vers un bien-être absolu. En effet, la perception populaire du stress est teintée d'une connotation négative, le stress étant considéré comme une manifestation pathologique dangereuse, qui nécessite le recours aux moyens thérapeutiques modernes et une prise en charge individuelle. On comprend alors que le combat contre le stress mobilise une multitude d'acteurs, des spécialistes en ressources humaines des grandes entreprises aux responsables de la santé publique, en passant par des praticiens de différentes disciplines (médecins, psychologues, sociologues, ergonomes, …), ce qui donne lieu à une offre exponentielle en matière de solutions diverses, de thérapies traditionnelles et de méthodes dites « alternatives ».

Pourtant, un problème fondamental réside dans le fait que, en empruntant le concept de stress au monde scientifique, la culture populaire a opéré un amalgame de différentes visions de ce concept. Le terme est parfois utilisé pour désigner une condition externe qui engendre une tension, c'est-à-dire un *stresseur*, par exemple les horaires de travail (« Il a un travail stressant »). D'autres fois, l'utilisation du terme renvoie à un état interne ressenti par l'individu, c'est-à-dire une réaction (« Il est stressé »). Enfin, on sous-entend souvent par stress l'ensemble des stimuli et des réponses et leur interaction (« Mon travail me stress »). Comme nous le verrons ci-dessous, cette ambiguïté est d'autant plus grande que les fondements scientifiques de ce concept sont également multiples.

3. Le stress en tant que concept scientifique

L'étymologie du terme vient du mot latin « stringere », qui signifie « serrer » ou « tendre de façon raide ». Il est intéressant de remarquer l'évolution progressive des significations prêtées à ce mot. Ce terme a été utilisé dès le 17e siècle pour désigner un état de détresse et d'affliction induit par un ensemble de difficultés liées à la dureté de la vie et à l'adversité. Au 18e siècle, les théoriciens de la physique et de l'ingénierie appliquent ce terme à l'étude des gaz et de l'élasticité des corps solides, pour indiquer cette fois une force, un effort considérable ou une pression s'exerçant sur un objet. Ils parlent plus précisément d'une charge dont une partie est transmise à l'objet, le terme stress indiquant la résistance de l'objet à la pression externe, et le terme « strain » la déformation subie par l'objet (Rivolier, 1993). Les sciences humaines ont emprunté ce modèle par analogie et l'ont appliqué au fonctionnement humain, pour étudier les pressions s'exerçant sur l'organisme (Hinkle, 1973). Cox (1985) critique cette analogie ingénieriale comme étant simpliste, puisque l'étude du stress humain nécessite la prise en compte de processus psychologiques complexes, qui conduisent l'individu à évaluer la pression ressentie et à attribuer une signification personnelle à la situation rencontrée, ce qui n'est évidemment pas le cas pour un objet physique. De plus, de cette excursion transdisciplinaire d'un modèle physique découle une ambiguïté. En effet, l'utilisation indifférenciée des termes « stress » et « strain », parfois même leur confusion, donnent lieu à une double acception du stress, qui est défini soit comme un agent, soit comme une conséquence.

Selon Lazarus et Folkman (1984), le terme « stress » est apparu pour la première fois en 1944 dans la littérature scientifique psychologique. Certains auteurs (Pollock, 1988) estiment que l'utilisation du terme dans son acception actuelle est relativement récente et que, même s'il a été utilisé dans une certaine mesure au 19e siècle et a été associé aux problèmes de santé, ce n'est que dans les dernières décennies qu'il a vraiment été établi en tant que concept scientifique. D'autres encore (Newton, 1995) suggèrent au contraire des origines plus anciennes de ce terme, se basant sur des définitions du Oxford English Dictionnary remontant au 16e siècle qui semblent très proches de sa signification actuelle. Quoiqu'il en soit, il semble y avoir un consensus général sur le fait que ce concept a connu une popularité grandissante au lendemain de la seconde guerre mondiale (Kugelmann, 1992; Newton, 1995).

C'est en 1936 que le physiologiste Hans Selye décrit une série de réactions de l'organisme face aux sollicitations de son milieu. Sa théorie se base sur l'étude des réponses neuroendocriniennes non-spécifiques de l'organisme à toute demande émanant de l'environnement (Selye, 1993). Le qualificatif « non-spécifique » fait référence au fait qu'une large variété de stimuli, ou stresseurs, qui peuvent avoir des valences différentes – aussi bien négatives que positives – engendre une réponse commune. Cet auteur a utilisé le concept de *General Adaptation Syndrome* (GAS), ou syndrome général d'adaptation, pour désigner la réponse commune fournie par l'organisme face à différents agents nocifs (Selye, 1936). En étudiant les changements du système nerveux et endocrinien, Selye a distingué 3 stades du GAS, soient la réaction d'alarme, le stade de résistance et l'épuisement. C'est en 1946 que Selye, dans un article paru dans le *Journal of Clinical Endocrinology*, utilise pour la première fois le mot stress, terme qui se substituera progressivement au syndrome général d'adaptation (Selye,

1946). A cette époque, il désigne par stress l'agent causal, qu'il diffé-
rencie des manifestations subséquentes. Pourtant, dans un article paru en
1950, Selye modifie sa position et son emploi du terme (Selye, 1950). Il
utilise le mot *stress* au lieu de *strain* pour parler cette fois du résultat de
l'action de l'agent causal qu'il appelera *stressor*. Le stresseur est alors
défini comme toute demande provoquant l'ensemble des réactions décrites
plus haut et appelé stress (Selye, 1993).

Même si sa contribution à ce domaine de recherche et l'originalité de
ses travaux ont été reconnues par la communauté scientifique, de nombreux auteurs ont critiqué les premières définitions fournies par Selye et
ont proposé des conceptions plus différenciées et précises de ce phénomène complexe. Lazarus et Folkmann (1984) ont critiqué l'aspect circulaire des définitions de Selye, selon lesquelles le stress est la réponse fournie au stresseur, et donc par déduction, le stresseur tout élément qui
déclenche le stress.

Le syndrome général d'adaptation regroupe tout un ensemble de réactions, aussi bien physiologiques (activation hormonale) que psychologiques (activation émotionnelle) et comportementales (attaque ou fuite).
Hinkle (1973) remet en question l'idée de non-spécificité de la réponse de
l'organisme, argumentant qu'une étude plus détaillée du syndrome général d'adaptation relève au contraire le caractère hautement spécifique des
réponses face aux différents stimuli. Enfin, pour couronner le tout, Seyle
lui-même admet l'ambiguïté induite par son utilisation du terme stress
(Selye, 1976). L'auteur d'origine autrichienne explique cette ambiguïté
par sa maîtrise imparfaite de l'anglais à l'époque de ses premiers travaux,
qui ne lui a pas permis d'opérer la distinction nécessaire entre le mot *stress*
et le mot *strain*. En effet, par souci de cohérence vis-à-vis de l'utilisation
de ces termes dans le domaine des sciences physiques, il eut été plus opportun d'employer le terme *strain* pour designer l'effet subi par l'organisme,
alors que le *stress* correspondrait à la pression exercée sur celui-ci. Rele-
vant cette ambiguïté, Murrel (1978) distingue la pression *(stress)*, c'est-à-
dire la charge externe, de la tension *(strain)* ou la conséquence de cette
charge. Plus récemment, Wheaton (1994) propose également de faire une
distinction entre les sources du stress, les processus internes qu'il engendre et les réponses au stress. Ainsi, il suggère d'appeler *stresseurs* les sources
externes, alors que le processus interne de l'organisme sera désigné par le
terme *stress* et la réponse comportementale qui en découle par *distress*. De
plus, cet auteur propose une catégorisation des stresseurs, en distinguant

les événements indésirables et inattendus de la vie *(Event stressors)* des tracas de la vie quotidienne *(Chronic stressors).*

A travers les 30 dernières années, la popularité du concept de stress et le développement considérable du champ de recherche en psychologie ont conduit à une prolifération des définitions et des tentatives de conceptualisation, ce qui a contribué à rendre le terme complexe et ambiguë, voire polysémique. Kasl (1978) dresse une liste des différentes tentatives de conceptualisation, se référant aussi bien au stimulus qu'à la réponse. Par exemple, le stress a été parfois considéré en termes de conditions environnementales (Landy & Trumbo, 1976), et d'autres fois en termes de frustration ou de menace perçue (Bonner, 1967). Une des définitions les plus utilisées est celle de McGrath (1970; 1976) qui décrit le stress comme « Un déséquilibre (perçu) important entre l'exigence et la capacité à y répondre, dans des conditions ou l'impossibilité de satisfaire cette exigence a des conséquences (perçues) importantes». Selon Crespy (1984) qui adopte un point de vue proche de celui de Selye, le stress est «un plan de mobilisation de l'organisme tout entier en vue d'apporter une réponse à des agressions en provenance de l'environnement, mobilisation qui n'est pas suivie d'effets lorsque aucune réponse adaptée ne peut être fournie. Cette mobilisation, si elle est souvent imposée inutilement à l'organisme, va engendrer une progressivement une usure et une dégradation des organes et fonctions concernées».

Le manque de consensus quant à l'utilisation et à la définition du terme de stress dans la recherche scientifique a souvent été relevé (Beehr & Baghat, 1985; Beehr & Newman, 1978; Ivancevich & Matteson, 1980; Schuler, 1980; Jex et al., 1992). En 1982, Elliot et Eisdorfer estimaient encore que: «[…] après 35 ans, personne n'a formulé une définition du stress qui puisse satisfaire ne serait-ce qu'une majorité de chercheurs» (Elliot & Eisdorfer, 1982). Jex, Beehr et Roberts (1992) ont réalisé une analyse des articles apparus dans 6 revues spécialisées en psychologie des organisations entre 1985 et 1989. Ces auteurs ont fait un premier tri de tous les articles contenant les termes *stress* ou *stressant* et les ont catégorisés en fonction des modèles de conceptualisation qui les sous-tendent. Sur les 51 articles étudiés, 21 (41%) se référaient au stress en tant que stimulus, 11 (22%) le voyaient comme la réponse et 13 (25%) renvoyaient à la relation entre stimulus et réponse. Dans 7 articles (14%), la définition du concept ne semblait pas claire. Cette ambiguïté avait déjà amené Mc Grath (1976) à recommander l'usage de ce terme non pas comme une notion spécifique, mais en tant qu'un label désignant un domaine de recherche. Dans le même sens, Lazarus et Folkman estiment que l'approche la plus efficace du stress serait de s'y référer non pas en tant que variable, mais plutôt en tant que «rubrique comprenant de nombreuses variables et processus»[1] (1984, p. 12). Contrairement à de nombreux auteurs qui raisonnent sur des modèles causalistes et linéaires, Lazarus et Folkman adoptent une approche plus holistique et refusent d'évacuer le processus en jeu entre l'individu et son environnement. Ainsi, ces auteurs définissent le stress en tant qu'une «relation particulière entre la personne et l'environnement, qui est évaluée par la personne comme exigeant ou dépassant ses ressources et mettant en danger son bien-être» (Lazarus & Folkman, 1984, p. 19)[2]. C'est cette conception du stress que nous retiendrons dans le cadre de ce travail.

---

1   «Stress, then, is not a variable, but a rubric consisting of many variables and processes» (Lazarus & Folkman, 1984, p. 29).

2   «Psychological stress is a particular relationship between the person and the environment that is appraised as taxing or exceeding his or her resources and endangering his or her well-being» (Lazarus & Folkman, 1984, p. 19).

II. Causes, coûts et conséquences du stress professionnel

De nombreuses études observent aujourd'hui une augmentation considérable des coûts de la santé dans les pays industrialisés (Cooper, Liukkonen & Cartwright, 1996; Ramaciotti & Perriard, 2000; Paoli & Merllié, 2001), et de nombreux efforts sont déployés par les pouvoirs publics et les acteurs du domaine de la santé en vue de maîtriser ces coûts. Selon Ramaciotti et Perriard (2000), on peut partiellement expliquer cette augmentation des demandes et des frais de soins par trois constats d'ordre socio-démographique. D'abord le vieillissement des populations et l'augmentation de l'espérance de vie induisent une hausse naturelle de la demande de soins. Ensuite, l'élévation du niveau de vie et les progrès de la médecine contribuent à augmenter les attentes du public en matière de santé et de bien-être. Enfin, le développement des offres de prestation et la multiplication des acteurs dans le domaine des soins ont un effet incitatif sur la demande à leur adresse. Se basant sur ces constats, la plupart des démarches entreprises pour remédier à cette augmentation adoptent une approche économique qui vise à assainir et à optimiser la gestion du système de prise en charge médico-sociale, afin de mieux absorber la demande croissante en matière de soins. Force est de constater que l'approche préventive de ce phénomène, basée sur la recherche et l'explication des causes réelles, reste encore minoritaire.

Pourtant, en adoptant une approche préventive pour étudier cette problématique, il serait possible d'en dégager les causes réelles et d'entamer une réflexion de fond sur la prise en charge de celles-ci. Dans cette optique, un courant de recherche pluridisciplinaire, regroupant des spécialistes en psychologie du travail, en épidémiologie, en ergonomie ou encore en sciences des organisations, tente d'attirer l'attention sur l'augmentation de la pression au travail et son impact néfaste sur la santé des individus. Les résultats de ces recherches viennent alimenter la pratique de différents intervenants du contexte professionnel, notamment des médecins du travail, des inspecteurs du travail, des spécialistes en ressources humaines, des psychologues d'entreprise et des ergonomes. La question de

la santé au travail a longtemps été abordée à travers l'étude exclusive des
sources de danger physique, et des maladies et accidents professionnels
qu'elles engendrent. Toutefois, Il paraît évident aujourd'hui que l'accumulation de la tension liée aux caractéristiques psychosociales des situations professionnelles a un impact considérable sur la santé des individus,
et que l'activité professionnelle représente l'une des sources les plus importantes du stress quotidien (Rosenman et al., 1964; Syme et al.,1964;
Kagan & Levi, 1971; Cooper & Payne, 1988; Fletcher, 1988). Marmot et
al. (1999) estiment que la recrudescence du stress professionnel est simplement la conséquence du fait que la majorité des individus consacrent une
part importante de leur vie d'adulte au travail. Beaucoup d'études sur le
stress et ses conséquences prennent d'ailleurs pour terrain de recherche
le lieu de travail (Marshall & Cooper, 1979; Légeron, 2001). Parmi ces
travaux, une grande partie s'est focalisée sur le stress relatif aux professions dites «à haut risque», exercées dans des environnements qui présentent un danger physique et tangible pour la santé des travailleurs,
comme l'industrie chimique, la métallurgie, les usines et les chantiers de
construction. Certains groupes professionnels ont été reconnus comme
étant exposés à des risques physiques élevés, par exemple les forces de
l'ordre, le personnel militaire, les pompiers, le personnel d'institutions
carcérales ou encore les ouvriers d'exploitation minière et de l'industrie
pétrolière (Wallick, 1972; Davidson & Veno, 1980; Kalimo, 1980; Kelly
& Cooper, 1981; Cooper & Kelly, 1984; Elliot, 1985). Ces travailleurs
seraient contraints à un état de vigilance permanent, ce qui induit des symptômes physiques (production excessive d'adrénaline, tensions musculaires,
changements fréquents des rythmes cardiaque et respiratoire) et des implications néfastes à long-terme pour la santé. Outre l'étude de cette catégorie de sources «tangibles» de danger, on constate depuis une vingtaine
d'années un intérêt grandissant pour l'étude des facteurs d'ordre psychosocial (Chanlat, 1985; Cooper & Kasl, 1987), qui soumettent les travailleurs
à une pression et exigent de leur part des efforts constants d'adaptation
(Massoudi, 2003).

L'objectif de ce travail est certes l'étude du stress professionnel en tant
que processus psychologique, résultant de l'interaction de différentes réactions individuelles (cognitives, émotionnelles et comportementales). Pourtant, notre compréhension de ce mécanisme serait lacunaire sans l'analyse
du contexte social et économique dans lequel évoluent les travailleurs.
Ainsi, nous nous proposons ici de nous intéresser dans un premier temps

aux caractéristiques psychosociales des situations de travail, afin de délimiter les causes de l'augmentation de la tension psychologique au travail et de la prévalence du stress professionnel. Dans un second temps, nous analyserons les différentes conséquences du stress professionnel, aussi bien en termes de souffrances et de pathologies qu'il induit chez les travailleurs, qu'en termes de coûts qu'il présuppose pour les organisations et les collectivités publiques.

1. Les causes : L'évolution du contexte professionnel

Il est possible d'expliquer l'augmentation du stress professionnel moderne par l'évolution rapide et significative qu'a connu le contexte professionnel durant ces dernières années. Afin de mieux comprendre le contexte professionnel actuel et les contraintes qu'il représente pour le travailleur, nous illustrerons nos propos par des études menées sur les conditions de travail et la santé des travailleurs dans les pays industrialisés (Cooper, Liukkonen & Cartwright, 1996 ; HSE, 1995 ; 1998 ; Paoli & Merllié, 2001). *La Fondation Européenne pour l'amélioration des conditions de vie et de travail* a conduit en 1990, 1995 et 2000, une série d'études de grande envergure sur les conditions de travail dans 15 pays européens, interrogeant plus de 20'000 travailleurs dans des secteurs professionnels différents *(First, Second and Third European Surveys of Working Conditions).* Les rapports finaux de ces études (Paoli & Merllié, 1991 ; 1996 ; 2001) offrent de précieuses information sur les causes du stress professionnel et les effets de celui-ci sur la santé des travailleurs. Ils relèvent d'une part une transformation profonde de la nature de l'activité professionnelle en Europe. Cette transformation, induite par le passage des activités du domaine industriel à celles du domaine des services, par l'introduction massive des nouvelles technologies de l'information et par l'augmentation des contacts interpersonnels au travail, entraîne à son tour des modifications du profil de compétences demandé sur le marché de l'emploi. D'autre part, l'introduction de nouvelles philosophies de gestion, le développement du travail en équipe, le raccourcissement des délais d'exécution et les modèles de gestion de la qualité ont conduit à une mutation des structures organisationnelles du travail.

1.1. La transformation du travail

A travers les vingt dernières années, de profonds changements ont marqué la nature même du travail réalisé. En effet, on constate dans les pays industrialisés une croissance impressionnante des activités du secteur des services, ce dernier représentant aujourd'hui de 60% à 74% de l'ensemble des emplois alors que le secteur manufacturier n'en représente que 28% (Marmot et al, 1999). En Europe, le secteur des services regroupait 58.7% des emplois en 1988, alors qu'il représente 65.6% de l'ensemble des emplois en 2000, contre 29.4% pour l'industrie et 5% pour le secteur agricole (Paoli & Merllié, 2001). Ce transfert des domaines d'activités entraîne des modifications du profil de compétences demandées sur le marché de l'emploi. L'introduction massive des nouvelles technologies de l'information (41% des travailleurs utilisent des ordinateurs) et l'intensification du contact interpersonnel (49% des travailleurs entretiennent un contact permanent et direct avec des clients) soumettent les travailleurs à de nouvelles contraintes émotionnelles et cognitives. Ces changements rapides de l'environnement professionnel exigent une capacité d'adaptation intense (Cooper, Liukkonen & Cartwright, 1996 ; Massoudi, 2001). Tout au long de leur carrière, les travailleurs doivent développer des compétences multiples, se former de manière continue et augmenter leur capacité à être flexibles et mobiles afin de préserver leur employabilité jusqu'à l'âge traditionnel de la retraite (Neboit & Vezina, 2003). En d'autres termes, les exigences physiques du travail d'hier ont laissé la place à de nouveaux types de contraintes psychologiques (Marmot et al, 1999).

1.2. Les changements organisationnels

Parmi les évolutions des caractéristiques du contexte professionnel, on constate également une mutation notable qui affecte les modes d'organisation du travail. L'introduction de nouvelles philosophies de gestion, le développement du travail en équipe, le raccourcissement des délais d'exécution *(Just in time management)* et les processus d'évaluation des résultats et de gestion de la qualité ont introduit des changements dans les structures organisationnelles du travail. Dans les entreprises modernes, la recherche effrénée de la performance et du rendement implique des restructurations visant un fonctionnement avec un minimum d'effectif *(down-*

sizing), un contrôle systématique de la productivité individuelle et collective et la précarisation de l'emploi à travers l'augmentation des contrats à durée déterminée. Il résulte de ces nouveaux modes de gestion du travail d'importantes contraintes pour l'individu. La plus importante de ces contraintes est sans doute celle du temps, qui se raccourcit et contraint le travailleur à réaliser des objectifs dans des délais de plus en plus en court. Selon la troisième enquête européenne sur les conditions de travail (Paoli & Merllié, 2001), la proportion des personnes travaillant à un rythme «très rapide» est passée de 47% en 1990 à 56% en 2000, et 60% des travailleurs interrogés disent doivent faire face à des délais très court, alors qu'ils n'étaient que 49% en 1990. En outre, 40% des personnes interrogées dans le cadre de cette enquête estiment devoir s'acquitter de tâches monotones, 44% estiment n'avoir pas de variété dans leurs activités, 57% ont des tâches courtes et répétitives, 35% ne pensent avoir aucune influence sur le déroulement des tâches et 30% n'ont pas d'influence sur le rythme du travail. Une enquête réalisée en Suisse (Ramaciotti & Perriard, 2000) montre que 70% des personnes interrogées se sentent soumises à des pressions «importantes» ou «très importantes» et 58.1% d'entre elles attribuent ces pressions à la vie au travail, 30% des répondants perçoivent leur travail comme «souvent» ou «très souvent» dur psychologiquement et 26.6% se sentent «souvent» ou «très souvent» stressés au travail. Aux Etats-Unis, la proportion des travailleurs qui estiment devoir «travailler très vite» est passée de 55% à 68% entre 1977 et 1997, et la proportion de ceux qui déclarent n'avoir «jamais assez de temps pour terminer leur travail» est passée de 40% à 60% (Bond, Galinski & Swanberg, 1998). Outre les modifications du contexte professionnel, on observe également un changement au niveau du profil des travailleurs. Notons par exemple le vieillissement des travailleurs, l'augmentation des contrats de travail temporaires, l'augmentation de la proportion de femmes sur les lieux de travail, la disparition progressive de la relation traditionnelle entre employeurs et employés et l'important taux de chômage dans les pays étudiés.

2. Les conséquences:
Pathologies liées au stress professionnel

Ces modifications ont des conséquences importantes, aussi bien pour la santé des travailleurs que pour le fonctionnement des organisations. Parmi les effets de ces conditions sur la santé des travailleurs, l'étude conduite par la communauté européenne (Paoli & Merllié, 2001) relève les maux de dos (42%), le stress (40%), la fatigue chronique (31%), les douleurs musculaires (31%) et les maux de tête (21%). Le lien entre le stress professionnel et les problèmes de santé est une problématique qui occupe le champ de recherche depuis longtemps (Rosenman et al., 1964; Syme et al.,1964; Kagan & Levi, 1971; Cooper & Payne, 1978; Fletcher, 1988). De nombreux auteurs ont étudié l'implication des facteurs psychosociaux du contexte professionnel dans l'apparition de pathologies telles que les troubles musculo-squelettiques, les maladies cardio-vasculaires et les troubles psychologiques.

2.1. *Les troubles musculo-squelettiques*

Les troubles musculo-squelettiques, également appelés *Work Related Musculoskeletal Disorders* (WRMD) dans la littérature anglo-saxonne, représentent une des premières causes de maladies professionnelles et d'absentéisme (Neboit & Vézina, 2003). L'étude conduite par la communauté européenne (Paoli & Merllié, 2001) relève que, parmi les travailleurs soumis à des cadences élevées et des délais rigoureux, 46% souffrent de douleurs dorsales, 35% de douleurs musculaires, 21% de maux de tête, alors que 33% rapportent une fatigue chronique et 40% se sentent stressés. Il existe une base solide de recherches qui montre que, outre la charge physique et les contraintes gestuelles et posturales, les caractéristiques psychosociales de l'environnement professionnel et le stress qu'elles engendrent jouent un rôle prépondérant dans l'apparition et l'aggravation des troubles musculo-squelettiques (Skov et al., 1996; Krause et al., 1997; Bongers et al., 1993; Carayon, Smith & Haims, 1999; Bongers, 2002; Feuerstein, 2002).

2.2. Les troubles cardio-vasculaires

Une autre conséquence du stress professionnel concerne la prévalence des pathologies cardio-vasculaires. Dans les nombreux travaux sur les liens entre le stress professionnel et la santé, l'un des modèles théoriques les plus utilisés est celui de Karasek (Karasek, 1979; Karasek & Theorell, 1990). Ce modèle stipule que le caractère pathogène des situations professionnelles découle de l'interaction de deux variables : la demande psychologique de l'activité et l'autonomie décisionnelle du travailleur. Selon Karasek, un travail qui soumet l'individu à une charge élevée et à une cadence rapide tout en lui laissant une faible marge de manœuvre pour organiser l'exécution de sa tâche, génère une tension psychologique (*strain*) qui augmente la probabilité d'apparition de problèmes de santé. Des études épidémiologiques initiées dès les années 80 par Karasek et son équipe montrent que la combinaison de ces deux variables est associée à une haute incidence des maladies cardiaques (Karasek et al., 1981; 1988; Alfredsson et al., 1982; Pieper, La Croix & Krasek, 1989). D'autres auteurs ont montré que, en plus de la combinaison néfaste de ces deux variables, le risque de maladies cardio-vasculaires est encore accru par d'autres caractéristiques de la situation professionnelle, comme l'absence d'un soutien social suffisant (Johnson et al., 1989; Prossie-Wamala et al., 1997; Bosma, Marmot, Hemmingway et al., 1997; Laflamme, Brisson, Moisan et al., 1998), ou encore la reconnaissance faible induite par la précarité de l'emploi (Siegriest, Peter, Cremer et al., 1997; Bosma, Peter, Siegrist et al., 1998; Peter, Alfredsson, Hammer et al., 1998). Le modèle de Karasek a également été utilisé dans de nombreuses études épidémiologiques pour prédire et expliquer l'émergence d'autres pathologies, notamment les troubles musculo-squelettiques (Skov et al., 1996; Krause et al., 1997), les difficultés de grossesse (Brandt & Nielsen, 1992), ou encore le cancer du colon (Courtney et al., 1996).

2.3. Les troubles psychologiques

Concernant la santé psychique, la tension induite par les conditions de travail a été mise en lien avec différents symptômes, comme la dépression (Niedhamer, Goldberg, Leclerc et al., 1998), l'anxiété (Warr, 1992), la détresse psychologique (Bourbonnais et al., 1996), ou encore les comportements d'abus de substances (Storr et al., 1999), et de nombreux travaux ont été consacrés à la prévalence des troubles psychologiques sur le lieu de travail (Landsbergis, Schnall, Deltz et al., 1992; Bourbonnais et al., 1996; 1999; Stansfeld, North, White et al., 1995). Une autre conséquence psychologique en lien avec les conditions de travail est le *burnout* (Freudenberger, 1974; 1975; Freudenberger & Richelson; 1980; Maslach & Jackson; 1981), défini comme un syndrome d'épuisement des ressources physiques et mentales. Les principaux symptômes en sont l'épuisement émotionnel, la dépersonnalisation et le manque de sentiment de réalisation personnelle (Cordes & Dougherty, 1993). De nombreuses recherches ont également étudié différentes professions sous l'angle du burnout (Rolland 1990; Schaufeli & Van Dierendonck, 1993; Ponnelle, 1998; Pezet-Langevin & Rolland, 1999).

3. Les coûts du stress professionnel

Outre le préjudice pour la santé physique et mentale des travailleurs, le stress professionnel a également un impact direct sur les finances publiques et la santé économique des pays industrialisés. Ce coût pour les collectivités est calculé en mesurant des facteurs tels que l'absentéisme au travail, la diminution de la productivité, les demandes d'indemnisation, la sollicitation des caisses d'assurance et les coûts des soins et de réhabilitation médicale. Aux Etats-Unis, des études montrent que chaque année, approximativement 550 millions de jours de travail sont perdus (Harris et al., 1985), et que 54% de ce taux d'absentéisme sont liés au stress et à ses conséquences. Selon Karasek et Theorell (1990), les conséquences du stress professionnel coûteraient 150 milliards de dollars par année aux institutions américaines. Dans une série d'études menées par la Fondation Européenne pour l'Amélioration des Conditions de Vie et de Travail (Cooper, Liukkonen & Cartwright, 1996), les coûts des maladies liées au travail sont estimées à 2,33 milliards d'euros au Danemark, 2,8 milliards d'euros en Finlande, 6,3 milliards d'euros en Norvège et 6.7 milliards d'euros en Suède (Lunde-Jensen, 1994). Aux Pays-Bas, Konningsveld et al. (2004) ont estimé les coûts de l'absentéisme suite à des maladies professionnelles à 12 milliards d'euros. Ces auteurs indiquent en outre que les causes les plus importantes de ces absences sont les troubles psychologiques (22% – 3 milliards) et les troubles musculo-squelettiques (22% – 3 milliards). En Allemagne, on remarque aussi une augmentation impressionnante de l'absentéisme dû aux troubles psychologiques, avec un coût estimé à 3 milliards en 2001.

La majorité des recherches sur le stress professionnel ont mis en évidence les influences néfastes des conditions de travail sur la santé des individus. Il semble toutefois important de considérer que beaucoup de changements dans le contexte professionnel ont eu un impact positif sur la santé des travailleurs, en augmentant la sécurité et le confort sur le lieu de travail. Pourtant, peu de chercheurs ont étudié les effets psychologiques positifs du travail, au-delà de la simple présomption que l'activité professionnelle a en générale un effet plus positif sur le bien-être psychologique que le chômage (Warr, 1987). Une étude portant sur les émotions vécues par un large échantillon de la population britannique (Warr & Payne, 1982) montre que 69% des hommes et 68% des femmes estiment s'être sentis « très bien » (« very pleased »), et parmi ceux-ci, 24% d'hommes et 19% de femmes attribuent ces émotions positives à leur travail. En contrepartie, seuls 13% d'hommes et 18% de femmes ont rapporté une pression émotionnelle *(unpleasant emotional strain)*, dont la moitié estiment que la cause de leur souffrance est le travail.

III. Approches empiriques

En ce qui concerne les modèles d'étude et d'explication du stress, différents auteurs ont analysé les principaux courants de recherche dans ce
domaine, chacun proposant un système de classification illustré par les
modèles prédominants (Mason, 1975; Sutherland & Cooper, 1990; Cox,
1990; Jones & Bright, 2001; Rolland, 2002).

D'une manière générale, les approches historiquement plus anciennes
se basent sur un modèle causaliste en termes d'antécédents et de conséquences. Elles visent à mettre en évidence un rapport de causalité entre des
paramètres de départ *(input)*, comme les conditions de travail ou les événements de vie, et les conséquences pour le bien-être de l'individu *(output)*,
par exemple les symptômes physiques et psychologiques. Ces approches
ont eu un large succès auprès des chercheurs, notamment dans le domaine
du stress professionnel. On peut expliquer le succès de ces approches de
différentes manières. D'une part, elles permettent un choix économique
des variables et facilitent leur opérationnalisation. D'autre part elles peuvent présenter un certain intérêt quand l'objectif est l'identification de
facteurs de risque (par exemple la charge et la cadence de travail) et leur
mise en lien avec des patterns généraux de réactions (comme la fatigue
chronique ou l'anxiété). Toutefois, outre la mise en évidence d'un lien de
causalité simple entre deux ensembles de variables, les recherches basées
sur un modèle de causalité linéaire n'offrent que peu d'informations sur les
processus psychologiques complexes qui modulent le lien entre le stimulus et la réponse fournie par le sujet. Selon Rolland (2002), le modèle
causaliste est réducteur, puisqu'il ne tient pas compte de l'activité du sujet
dans la construction d'une signification personnelle des situations rencontrées. C'est pourquoi les chercheurs ont peu à peu abandonné ce modèle
pour s'intéresser de plus près à l'interaction entre les facteurs individuels
(par exemple les traits de personnalité ou les patterns de coping) et environnementaux (par exemple le soutien social disponible), interaction qui
détermine l'intensité des effets négatifs subis par l'individu.

Un exemple de cette approche interactionnelle est le travail de Cohen
et Wills (1985), dont le *« stress buffering hypothesis »* suggère que le sup-

port social module l'effet des stresseurs. Un autre modèle prédominant de ce domaine est le modèle transactionnel du stress (Folkman & Lazarus, 1980) qui met l'accent sur les processus cognitifs et émotionnels qui précédent le déploiement d'un comportement en réponse à un stimulus aversif. Selon cette perspective, chaque situation stressante est une rencontre unique entre le sujet et son environnement. Dans cette rencontre, l'individu évalue l'ampleur de la menace rencontrée et l'enjeu qu'il représente pour son bien-être. La menace est donc «perçue» et non réelle, et ce n'est qu'après cette phase d'évaluation subjective qu'une réponse adaptative est mise en œuvre par le sujet. Cette réponse adaptative est appelée «coping» par Folkman et Lazarus (1988). D'une manière générale, et au vu de ce qui précède, nous pouvons classer les différentes approches du stress en trois catégories générales communément acceptées (Cox, 1990; Cox & Ferguson, 1991): l'approche physiologique, l'approche causaliste et l'approche psychologique.

– L'approche physiologique considère le stress comme la réaction à des variables environnementales, aussi appelées stresseurs. Dans ce cas, le terme *«strain»* est utilisé dans la littérature anglo-saxonne, pour parler de la charge ou la pression subies par l'individu. En d'autres termes, le stress est ici l'expression d'une tension accumulée, mesurable par des réponses physiologiques, psychologiques et comportementaux. Le syndrome général d'adaptation (Selye, 1936; 1946) est un modèle illustre de ce courant.

– L'approche causaliste, comme son nom l'indique, porte l'accent sur la recherche et l'explication des causes du stress. Cette approche étudie le stress à travers les stimuli environnementaux qui provoquent la tension, et leurs effets sur la santé de l'individu. Ici sont mesurées des facteurs environnementaux (charge de travail, bruit, chaleur) ou psychosociaux (événements de vie). Le modèle Demand-Control de Karasek (1979) est l'un des plus influents dans ce domaine.

– Enfin, le stress peut être considéré selon une approche psychologique qui considère l'ensemble des stimuli et réponses, et le processus en jeu entre ces deux «pôles». Ce processus comprend les mécanismes d'évaluation des stresseurs par l'individu et les conduites individuelles d'ajustement au stress (coping). Le modèle transactionnel de Lazarus et Folkman (1980, 1988) illustre bien les postulats de ce courant théorique.

De ces modèles théoriques découlent diverses approches empiriques. En effet, selon leurs présupposés théoriques, les chercheurs choisissent d'étudier et de mesurer différentes variables pour décrire les mécanismes du stress. Jones et Bright (2001) proposent une classification de ces variables en trois catégories majeures, selon que l'on cherche à conceptualiser et à mesurer les causes, les effets ou encore l'interaction entre ces deux pôles. La première catégorie contient différentes variables qui reflètent les facteurs déclencheurs d'une tension, aussi appelés stresseurs, par exemple les événements de vie ou la charge de travail. La seconde catégorie est celle des variables modératrices de la relation stimulus-réponse, comme les différences individuelles en termes de traits de personnalité ou de conduites d'ajustement au stress (coping). Enfin, la dernière catégorie regroupe des variables qui rendent compte de l'effet du stress subi (strain), par exemple l'anxiété ou les symptômes physiques ressentis. Le tableau 1 retrace ces catégories ainsi que quelques variables essentielles pour chacune.

Tableau 1: Variables typiquement étudiées dans le cadre de recherches sur le stress

Causes	Variables modératrices	Effets
Evénements de vie	*Personnalité*	*Psychologiques*
Mariage	Type A	Bien-être
Deuil	Lieu de Contrôle	Anxiété/Dépression
Rupture	Pessimisme	Humeurs
Maladie	Névrosisme	Satisfaction professionnelle
Tracas quotidiens	*Conduites d'ajustement*	*Physiologiques*
Conflits	Résolution de problèmes	Troubles cardio-vasculaires
Horaires	Régulation émotionnelle	Troubles immunitaires
Stresseurs chroniques	*Facteurs environnementaux*	*Comportementaux*
Charge de travail	Support social	Performances
Conflits de rôles	Contrôle	Abus de substances

1. L'approche physiologique : Le stress en tant que réponse

1.1. Le principe d'homéostasie

L'une des premières contributions à ce domaine est celle de Cannon (1929 ; 1932). En effet, on peut estimer que la plupart des modèles théoriques du stress reposent sur le principe d'homéostasie développé par Cannon. Ce principe postule que, l'organisme étant fondamentalement intolérant au changement, il aurait tendance à lutter pour rétablir l'homéostasie, ou l'équilibre, perturbé par la survenue d'un événement extérieur. Cette lutte pour le rétablissement de l'équilibre est éprouvante pour l'organisme, ce qui peut entraîner, à terme, une plus grande vulnérabilité et des conséquences pour la santé physique et psychologique. A partir d'expériences sur les animaux, l'auteur observe les réactions physiologiques qui surviennent dans l'organisme confronté au danger. Cannon formule le concept de « fight-flight response » (Zimmermann & Haour-Knipe, 1988), ou de réponse en termes d'attaque ou de fuite face à une agression. Selon lui, lorsque l'organisme perçoit une menace dans l'environnement, il est rapidement mobilisé sous l'action du système nerveux sympathique et du système endocrinien. La sécrétion de catecholamines (adrénaline) induit divers effets physiologiques, notamment l'accélération des pulsations cardiaques, l'augmentation de la pression sanguine, du taux de sucre dans le sang, de la fréquence respiratoire et de la circulation sanguine dans les tissus musculaires. Ces réponses physiologiques, que Cannon regroupe sous le terme *Defense function* (Guntern, 1989), préparent l'organisme à attaquer ou à fuir face à la menace perçue. De nombreux autres chercheurs ont adopté ce principe d'homéostasie pour étudier les réponses physiologiques de l'organisme face à des agents anxiogènes (Wolf & Wolff, 1947 ; Mahl, 1952).

1.2. Le Syndrome Général d'Adaptation

Les travaux qui ont sans doute le plus marqué le champ de recherche sur le stress sont ceux de Selye (1936 ; 1946 ; 1956). Dès 1936, Selye remarque que la présence d'agents nocifs dans l'environnement proche induit chez les animaux un ensemble de réactions physico-chimiques non-spécifiques (activation de l'axe hypophyso-cortico-surrénalien). Le qualificatif « non-

spécifique» renvoit au fait qu'une large variété de stimuli, que Selye
nomme «stresseurs», et qui peuvent avoir des caractéristiques et des valences différentes (aussi bien négatifs que positifs), provoquent une réponse
commune (Biondi & Pancheri, 1994). L'auteur définit donc le stress comme
une réponse générale et non-spécifique (syndrome général d'adaptation)
de l'individu à toute demande environnementale (Selye, 1993). En d'autres
termes, quelque soit la menace perçue dans l'environnement, l'organisme
y répond par le même pattern de réactions physiologiques. Selye formule
le concept de *General Adaptation Syndrome* (GAS), ou Syndrome Général
d'Adaptation, pour désigner cet ensemble de réactions de l'organisme face
aux différents types de stresseurs rencontrés. En étudiant les changements
du système nerveux et endocrinien, Selye a distingué trois stades distincts
et successifs du GAS, soient la réaction d'alarme, le stade de résistance et
l'épuisement. La phase d'alerte consiste en la mobilisation de l'organisme
pour faire face à la menace. Pendant la phase de résistance, l'organisme
fournit l'effort nécessaire pour faire face à la menace. Avec une exposition
prolongée aux stresseurs survient la phase d'épuisement et l'apparition de
troubles tels que les maladies cardio-vasculaires, l'arthrite, l'hypertension
ou les déficiences du système immunitaire (Selye, 1976).

Malgré sa popularité, cette approche a été critiquée quant à sa capacité
à expliquer les données existantes. On reproche notamment au modèle
physiologique de négliger les facteurs psychologiques en jeu dans la perception d'événements qui peuvent potentiellement générer du stress (Mason,
1975; Rose, 1980; Lazarus et al., 1980).

2. L'approche causaliste: Le stress en tant que stimulus

Nous avons vu que l'approche physiologique effectue une lecture du phénomène de stress à partir des réactions physiologiques et biochimiques de
l'organisme. L'approche causaliste quant à elle met l'accent sur les déterminants environnementaux du stress. L'objet d'étude est ici l'environnement «objectif», et les chercheurs visent à identifier et à décrire les paramètres environnementaux qui dépassent les capacités d'adaptation des
individus, tout en prenant en considération certaines caractéristiques individuelles. Danns cette acception, le stress est considéré comme un stimulus

émanant de l'environnement de la personne, traditionnellement mesuré en considérant les événements marquants de la vie (Holmes & Rahe, 1967 ; Dohrenwend et al., 1990), les micro-stresseurs chroniques (DeLongis et al., 1988 ; Jackson et al., 1993), ou encore les caractéristiques psychosociales des situations professionnelles (Karasek, 1979 ; Karasek & Theorell, 1990).

2.1. Les événements de vie : Evénements majeurs vs événements mineurs

L'approche basée sur les événements de vie *(Life Events Approach)*, qui représente une des premières tentatives de conceptualisation des stresseurs, étudie, comme son nom l'indique, le lien entre stress et les événements de vie. L'idée centrale ici est que tout changement constitue une rupture de l'équilibre homéostatique et exige un effort d'adaptation qui est générateur de stress. Le concept d'événement de vie a été défini comme un changement dans l'environnement social et personnel du sujet (Paykel & Rao, 1984), par opposition à un état persistent. Il s'agit en outre d'un changement externe et observable, et non d'un changement interne et psychologique.

Les travaux de Holmes et Rahe (1967) qui ont conduit à l'élaboration d'une échelle d'auto-évaluation des événements de vie représentent une des influences majeures de cette approche. Le *Social Readjustment Rating Scale* (SRRS) est une liste de 43 événements sensés exiger un effort d'adaptation social. Ces événements concernent des changements significatifs de la vie familiale, du lieu de résidence, de l'activité professionnelle, de la situation économique, de l'état de santé ou encore des habitudes de vie. Il a été demandé à un échantillon de 394 personnes d'évaluer l'effort d'adaptation que les différents événements impliquent, en estimant l'intensité et la durée de cet effort pour une personne «normale», et sans tenir compte de la valence de l'événement. La valeur du changement induit par le mariage a été arbitrairement fixée à 500, et les participants ont évalué les autres événements de la liste en comparaison avec cette valeur centrale. Les scores moyens de l'échantillon ont ensuite été divisés par 10 pour produire l'unité de changement de vie ou *Life Change Unit (LCU)*. Ainsi, pour calculer le score d'un individu, on lui demande de cocher parmi les événements de la liste ceux qu'il a vécus pendant l'année précédente, puis on additionne les *LCU* qui y correspondent. Selon Holmes et Masuda

(1974), un *LCU* de plus de 150 sur une année correspond à une crise de vie, avec une intensité croissante jusqu'à une crise majeure pour un score supérieur à 300. Des études rétrospectives ont mis en évidence des corrélations entre l'intensité des changements survenus dans la vie d'une personne et la mort prématurée due à un malaise cardiaque (Rahe & Lind, 1971), ou un infarctus du myocarde (Rahe & Paasikivi, 1971 ; Theorell & Rahe, 1971).

Cette approche a généré nombre de travaux dans les 30 dernières années. Toutefois, comme toute approche populaire, elle a aussi été vivement critiquée. Une des critiques à l'égard de cette théorie concerne le fait qu'elle ne discrimine pas les événements positifs des événements négatifs, et ne tient donc pas compte de la valence des expériences vécues, puisque tout changement est considéré comme source de danger pour la santé. Ainsi, le SRRS regroupe des événements aussi différents que la mort d'un parent proche, la maladie ou la blessure, et d'un autre côté le mariage ou encore la naissance d'un enfant. Or certains auteurs (Pearlin, 1989) soutiennent que c'est justement la tonalité affective de l'événement qui est cruciale et que ce sont les changements indésirables, imprévisibles, non-normatives et échappant au contrôle de l'individu qui sont les plus néfastes.

Plusieurs auteurs (Kanner et al., 1981 ; De Longis et al., 1982 ; Stone & Neale, 1982 ; Lazarus, 1990) ont reproché à cette théorie de ne tenir compte que d'événements majeurs, alors qu'une grande part du stress vécu peut être généré par des stresseurs mineurs qui proviennent des conditions chroniques ou récurrentes de la vie de l'individu. Ils suggèrent que des expériences quotidiennes mineures, aussi bien positives que négatives *(daily hassles and uplifts)*, ont un impact plus important sur la santé. DeLongis et al. (1982) ont élaboré un inventaire des tracas quotidiens *(The hassles and uplifts scale*, DeLongis et al., 1982), et soutiennent que ces mesures «proximales» (en opposition avec la dimension «distale» des événements de vie) permettent une meilleure prédiction de l'occurrence de pathologies liées au stress. Cette approche a donné lieu à l'élaboration de diverses échelles, dont le *Daily Hassles Scale* (Kanner et al., 1981), le *Minor Life Events Scale* (Monroe, 1983) ou le *Everyday Problem Scale* (Burks & Martin, 1985). Plusieurs recherches (DeLongis et al., 1981 ; Kanner et al., 1981 ; Jandorf et al., 1986) mettent en évidence que les tracas quotidiens sont plus fortement corrélés avec les problèmes de santé et les symptômes psychologiques que ne le sont les événements majeurs de vie. Toutefois, on constate que les différentes échelles de mesure des tracas quotidiens montrent une grande stabilité à travers des passations successives dans le temps, et il semblerait que ces mesures mettent en évidence des variables individuelles stables, notamment les traits de personnalité des sujets.

Lazarus relève en outre que cette classification des sources de stress ignore les différences individuelles, notamment en ce qui concerne le sens donné aux mêmes événements par différents individus dont les motivations et les styles d'ajustement au stress (coping) varient. En effet, les événements répertoriés dans le SRRS sont considérés comme étant des sources objectives de stress, et le poids de leur impact est fixé par les chercheurs qui évacuent ainsi l'évaluation cognitivo-émotionnelle, subjective et individuelle de ces événements par les sujets. Dohrenwend et son équipe (1974; 1993) relèvent quant à eux que plusieurs des événements répertoriés dans la SRRS, comme par exemple les changements dans les habitudes de sommeil, sont les symptômes mêmes de la maladie, et donc des conséquences plutôt que des antécédents.

Enfin, comme pour beaucoup d'autres instruments auto-administrés, la fidélité et la validité du SRRS sont remises en question (Uhlenhuth et al., 1977; Jenkins et al., 1979). D'abord, les scores des sujets à cet instrument sont directement dépendants de l'exactitude de leurs souvenirs quant aux événements survenus sur une année. Dès lors, la perception des événements avec le temps *(Event fall-off)*, et les résultats d'études rétrospectives qui ont utilisé cet instrument (Rahe & Lind, 1971; Rahe & Paasikivi, 1971; Theorell & Rahe, 1971) ont été fortement remis en question. Rahe lui-même (1974) trouve une variation importante de la fidélité test-retest en fonction du laps de temps entre des administrations successives. D'autre part, Brown (1974) remet en cause la validité de l'outil, suggérant que les sujets atteints de problèmes de santé pourraient ressentir le besoin de produire une explication plausible de leur maladie. Les sujets malades auraient alors tendance à déclarer plus d'événements de vie que ceux qui ne souffrent pas de maladie. De plus, le même auteur estime que la relation entre les événements de vie et la maladie pourrait être modulée par une troisième variable, comme l'anxiété-trait. Enfin, il semblerait que l'impact émotionnel des événements varie en fonction des caractéristiques socio-démographiques (statut social, sexe, âge, ethnie) et de l'état émotionnel lors de la passation (Amiel-Lebigre, 1988).

2.2. Les modèles ergonomiques

2.2.1. Le modèle « Person-Environment fit »

Ce modèle (French, Caplan & Van Harrisson, 1982) se base sur le postulat que certaines caractéristiques du travail, comme l'ambiguïté des rôles ou le conflit de rôles, représentent une menace pour l'individu. Cette menace résulte de la perception d'un déséquilibre *(misfit)* entre les caractéristiques individuelles, comme les compétences ou les besoins, et les conditions environnementales, comme les exigences du travail ou les sources de récompense. Malgré sa popularité conséquente, cette théorie a été souvent critiquée car elle ne permet qu'une vision très générale, sans permettre de distinguer les variables individuelles et environnementales essentielles qui devraient s'ajuster afin d'augmenter le bien-être. Eulberg, Weekley et Bhagat (1988) ont évalué ce modèle en le comparant à d'autres approches théoriques. Ces auteurs ont conclu que le modèle en question manquait de clarté et de spécificité, et surtout qu'il n'était pas falsifiable.

2.2.2. Le modèle « Demand-Control »

L'un des modèles les plus utilisés dans le champ de recherche sur le stress professionnel est celui de Karasek (Karasek, 1979; Karasek & Theorell, 1990). Ce modèle postule que la tension psychologique ne résulte pas d'une caractéristique unique de l'environnement professionnel, mais de la combinaison de deux aspects, qui sont d'une part la Demande Psychologique *(Job Demands)* qui représente les exigences du travail en termes de charge, de rythme et de contraintes temporelles, et d'autre part la Latitude Décisionnelle *(Decision Latitude)* qui reflète la sphère d'autonomie de l'individu impliqué dans la situation professionnelle. Selon Karasek (1979), ces deux aspects représentent respectivement les déclencheurs de l'action (la charge de travail, les conflits ou autres stresseurs qui induisent la motivation et l'énergie pour agir) et les contraintes à la mise en œuvre d'actions alternatives (autonomie nécessaire à la planification et à l'organisation des actions).

Le stress est donc défini à travers ce modèle comme la tension psychologique *(Strain)* qui résulte des effets combinés des exigences *(Demands)* de la situation de travail et de la possibilité de décision *(Decision Latitude)* dont dispose le travailleur pour s'acquitter de sa tâche. C'est donc l'interaction de ces deux conditions qui peut générer du stress, en d'autres termes, «Il y a tension *(Strain)* quand les exigences *(Demands)* sont supérieures à la liberté d'action *(Decison Latitude)*» (Karasek, 1979, p.288). La figure 1 offre une représentation graphique de ce modèle, comprenant quatre cas de figure selon les combinaisons possibles des variables indépendantes.

Figure 1: Modèle Demand-Control, d'après Karasek (1979).

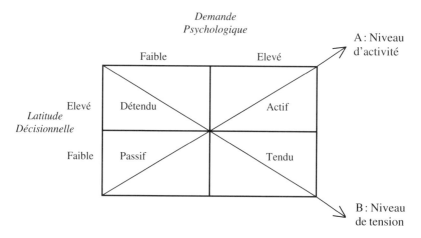

L'hypothèse principale de Karasek est qu'une situation professionnelle qui soumet le travailleur à une grande charge de demande psychologique, tout en lui offrant une marge de manœuvre réduite (Diagonale B), présente un risque accru de développement de problèmes de santé physique et psychologique. Le cas de figure qui correspond à la diagonale A représente une configuration idéale où la marge de manœuvre et les demandes sont simultanément élevées. Cette configuration caractérise un environnement «actif» qui développe la motivation et l'apprentissage par l'individu de nouveaux types de comportements.

Ce modèle est parfois considéré (Edwards & Cooper, 1990) comme une variante de l'approche *person-environment fit* de French, Caplan et Van Harrisson (1982). On reproche essentiellement au modèle *Demand-Control* de considérer l'organisme et le contexte comme deux entités séparées, sans tenir compte de l'interaction de l'individu avec son environnement et de la signification personnelle qu'il construit des situations rencontrées. D'après Rolland (1999), même si Karasek n'exclut pas l'influence d'autres variables telles que les caractéristiques individuelles sur la perception et l'évaluation du sstress, il les évacue pour des raisons pratiques. Pourtant, nombre d'études montrent que certaines caractéristiques individuelles (les traits de la personnalité ou les styles de coping par exemple) jouent un rôle modérateur dans le mécanisme de stress (Edwards, Baglioni & Cooper, 1990; Parkes, 1991, de Rijk et al., 1998).

3. L'approche transactionnelle : Le stress en tant que processus

S'inscrivant dans une vision différente de celles que nous venons de présenter, les partisans de l'approche transactionnelle (Lazarus & Folkmann, 1984) ont critiqué les modèles basés sur une causalité linéaire Stimulus – Réponse, leur reprochant de négliger le processus qui module l'interaction entre l'individu et son environnement, à travers lequel le sujet construit une signification subjective des situations qu'il rencontre. L'approche transactionnelle offre une nouvelle perspective du stress, en tenant compte simultanément des caractéristiques individuelles et environnementales, et de la relation entre l'individu et son environnement. Dans ce cadre, le stress est défini comme « *une relation particulière entre la personne et l'environnement qui est évaluée par la personne comme imposant un recours excessif à ses ressources ou dépassant ses possibilités de réponse et mettant en danger son bien-être* »[3] (Lazarus & Folkmann, 1984, p. 19).

Ce modèle réserve une place privilégiée aux éléments cognitifs et émotionnels en jeu dans la perception d'une situation par un individu, et sa tentative de s'y adapter au mieux, d'où l'émergence de deux concepts clés : l'évaluation *(appraisal)* et les conduites d'ajustement au stress (coping). Une autre notion essentielle de ce modèle est celle de «ressources», par laquelle Lazarus et Folkman (1984) désignent un ensemble de caractéristiques individuelles (personnalité, croyances, facteurs socio-démographiques, etc.) et environnementales (intensité, fréquence et contrôlabilité des stresseurs, soutien social disponible, etc.), lesquelles modulent

---

3   «Psychological stress is a particular relationship between the person and the environment that is appraised by the person as taxing or exceeding his or her ressources and endangering his or her well-being» (Lazarus & Folkman, 1984, p. 19).

l'interaction personne-environnement et permettent d'expliquer l'apparition d'un état de stress. Ces éléments centraux du modèle transactionnel seront décrits et discutés dans les paragraphes suivants.

3.1. Appraisal: L'évaluation cognitive

Selon Lazarus, l'évaluation (traduction française du terme «*appraisal*»
utilisé par l'auteur) est «l'ensemble en changement permanent des juge-
ments des événements par rapport au bien-être de l'individu» (Lazarus &
Launier, 1978, p. 302). Il s'agit donc d'un processus d'appréciation et de
catégorisation d'un événement en fonction de son impact, potentiel ou
réel, sur le bien-être du sujet. Ce processus est constitué d'une chaîne
séquentielle d'évaluations *(primary and secondary appraisal)*, à travers
laquelle l'individu construit une signification personnelle de la situation
problématique rencontrée. Cette séquence évaluative est schématisée dans
la figure 2.

Figure 2: Chaîne séquentielle d'évaluation du stresseur (Folkman & Lazarus, 1980).

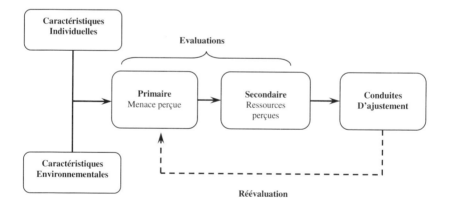

L'événement stressant est soumis à une première analyse cognitive (évaluation primaire) qui évalue l'impact de l'événement sur le bien-être du
sujet. Celle-ci va donner lieu à trois types majeurs d'évaluation: domma-
ge-perte *(harm-loss)* qui détermine un dommage déjà subi, menace *(threat)*
qui vise l'anticipation d'un dommage à venir, et défi *(challenge)* qui entraîne l'idée d'une opportunité de maîtrise ou de gain. Lors de l'évalua-

tion secondaire, l'événement est perçu au regard des ressources disponibles pour y faire face (coping). Ces cognitions vont déclencher des réactions émotionnelles qui à leur tour entraînent des comportements d'ajustement ou de coping (Folkman & Lazarus, 1988).

Même si le modèle transactionnel s'est imposé comme un des plus complets en matière de conceptualisation et d'explication des mécanismes du stress, il n'a été que peu utilisé dans l'étude des problématiques professionnelles. Une des raisons de cette sous-exploitation peut être que l'enjeu principal dans le domaine de la psychologie du travail et des organisations reste l'identification des facteurs environnementaux générateurs de stress, comme les conditions de travail et les modes de gestion, et de les modifier pour augmenter le bien-être des travailleurs et l'efficacité des organisations. Dès lors, les spécialistes ont tendance à simplifier, voir ignorer la complexité induite par les différences individuelles dans la perception des stresseurs. Pourtant, même s'il reconnaît l'utilité de l'identification et de l'étude des facteurs de stress au travail, Lazarus (1995) soutient que les sources du stress, tout comme les stratégies des individus pour s'y adapter, sont fortement teintées par des schémas individuels, et que toute étude du stress nécessite la prise en compte de ces schémas.

La perspective transactionnelle a été largement adaptée dans le champ de recherche sur le stress pour son potentiel d'explication des processus psychologiques mis en œuvre par un individu dans une situation stressante. Elle a en outre contribué à la prise en compte des mécanismes cognitifs et émotionnels en jeux dans la transaction entre l'individu et l'environnement. Toutefois, par une centration sur les comportements d'ajustement d'un individu à une situation nouvelle, ce modèle tend à négliger l'influence de patterns de comportements de dispositions individuelles stables sur la réaction au stress (DeNeve & Cooper, 1998; Rolland, 1999; Lazarus, 1995).

IV. Coping: Les conduites d'ajustement au stress

Comme nous l'avons vu dans les chapitres précédents, les recherches sur le stress se sont longtemps focalisées sur l'évaluation et la mesure des antécédents (stresseurs) ou des conséquents (réponse). Toutefois, l'émergence du modèle transactionnel du stress (Lazarus & Folkmann, 1980, 1984) a contribué à attirer l'attention sur la nécessité d'étudier les comportements mis en œuvre par l'individu pour rendre tolérables les tensions induites lors d'une rencontre stressante. Lazarus définit les comportements ou stratégies de coping comme «des efforts cognitifs et comportementaux en changement permanent destinés à gérer des exigences externes et/ou internes qui sont évaluées comme dépassant les ressources d'une personne»[4] (Folkman & Lazarus, 1984, p. 141). Ces efforts d'adaptation, qui dépendent des ressources personnelles et sociales dont dispose l'individu, vont viser soit la suppression ou l'altération de la source du stress (coping centré sur le problème), soit la régulation des émotions stressantes (coping centré sur les émotions). Le coping, qui est un concept central dans la théorie transactionnelle, mais aussi une variable fondamentale dans le cadre de notre étude, sera présenté de manière plus approfondie dans ce chapitre. Pour ce faire, nous presenterons une revue de la littérature consacrée au coping, afin de brosser un tableau de l'évolution de ce concept depuis les «prémisses» psychanalytiques du début du XXe siècle, jusqu'aux théories plus modernes issues de la psychologie cognitive (Dember, 1974) et de l'approche systémique.

---

4   «Constantly changing cognitive and behavioral efforts to manage specific external and/or internal demands that are appraised as taxing or exceeding the ressources of the person» (Lazarus & Folkman, 1984, p. 141).

1. L'approche psychanalytique:
Le coping en tant que mécanisme de défense

On peut voir les premières tentatives de conceptualisation du coping dans les travaux théoriques des pionniers de la psychanalyse. En effet, Freud, Adler et Jung ont consacré une large partie de leur œuvre à la description des mécanismes de défense, auxquels les individus font recours pour affronter les émotions déplaisantes (Rychlak, 1981). Ces mécanismes, par exemple le refoulement, la rationalisation, la sublimation ou la projection (Brown, 1964), ont alors pour fonction de protéger l'individu face aux émotions, représentations ou pulsions menaçantes induites par les conflits intra-psychiques. Selon la terminologie psychanalytique, la fonction défensive consiste en une «opération par laquelle un sujet confronté à une représentation insupportable la refoule, faute d'avoir les moyens de la lier, par un travail de pensée, aux autres pensées» (Dictionnaire de la psychanalyse, 1995, p. 64). Freud a en outre dégagé des mécanismes de défense typiques pour chaque affection psychogène, par exemple la conversion somatique pour l'hystérie, ou la projection pour la paranoïa. Anna Freud a poursuivi les travaux initiaux de son père, suggérant une préférence individuelle pour certains mécanismes, ou style défensif (Freud, 1946), et elle a également relié ces styles individuels à des pathologies spécifiques (Parker & Endler, 1996).

Même si ces postulats ont été remis en question depuis, plusieurs des mécanismes de défense issus des théories psychanalytiques sont encore aujourd'hui reflétés dans les descriptions modernes des stratégies de coping. Les idées de Freud ont notamment alimenté des travaux portant sur les réactions individuelles face à la mort, et ont beaucoup influencé la prise en charge thérapeutique du processus de deuil (Kubler-Ross, 1970; Parkes, 1972). Kubler-Ross (1970) a par exemple suggéré que, à l'approche d'une mort imminente, les individus traversent une succession de stades caractérisés par des réactions qui renvoient aux mécanismes de défense cités précédemment. Un premier stade de déni conduit à un second stade, caractérisé par la colère et le ressentiment. Vient ensuite une tentative de négociation *(«bargaining»)*, une personne mourante pouvant par exemple se tourner vers l'équipe médicale ou Dieu pour être épargnée. Un stade dépressif se déclare lorsque la personne n'est plus en mesure de nier la réalité. Finalement, si la personne parvient à surmonter le sentiment de perte et l'angoisse, elle aborde un stade d'acceptation. Plus récemment, d'autres auteurs (Haan, 1977 ; Vaillant, 1977 ; 1994) ont opéré une distinction entre les stratégies défensives adaptatives et non adaptatives, proposant une classification de ces mécanismes hiérarchisés selon leur degré d'efficacité et la faculté d'adaptation qu'elles procurent à l'individu face aux situations anxiogènes. Par exemple, Vaillant (1977 ; 1994) distingue 18 mécanismes de défense qu'il organise sur 4 niveaux, allant des moins adaptés aux plus adaptés. Le tableau 2 présente ces différents niveaux hiérarchiques, ainsi que les mécanismes qu'ils incluent.

Tableau 2: Niveaux hiérarchiques des mécanismes de défense selon Vaillant (1992).

Défenses psychotiques	Défenses immatures	Défenses névrotiques	Défenses matures
Projection délirante	Projection	Refoulement	Altruisme
Déni psychotique	Fantaisie schizoïde	Déplacement	Humour
Distorsion	Hypocondrie	Formation réactionnelle	Suppression
	Comp. passif-agressif	Intellectualisation	Anticipation
	Passage à l'acte		Sublimation
	Dissociation		

Les conceptions d'inspiration psychanalytique du coping ont été vivement critiquées comme étant trop intuitives et invalides au regard des critères scientifiques (Corr, 1993 ; Eysenck, 1997). De plus, la réduction des stratégies d'ajustement à leur seule fonction défensive pose un problème essentiel au vu des théories modernes dans ce domaine. En effet, dans le modèle psychanalytique, la réaction défensive est composée d'un ensemble d'opérations psychiques inconscientes, dont la finalité est la diminution de l'anxiété et le rétablissement de l'équilibre émotionnel.

Or l'avènement de la « Révolution cognitive » a attiré l'attention sur les processus de traitement de l'information et les activités intentionnelles qui en résultent. Dans ce sens, Haan (1977) relève la nature consciente et intentionnelle des stratégies d'ajustement qu'il distingue des stratégies défensives. Lazarus (Lazarus & Folkman, 1984 ; Lazarus 1993) soutient également qu'une distinction est nécessaire entre « ajustement » et « défense ». Selon le modèle transactionnel (Folkman & Lazarus, 1980 ; Folkman, Lazarus, Gruen et al., 1986), une évaluation *(appraisal)* consciente de la situation problématique donne lieu à la mise en place des stratégies d'ajustement qui visent une action sur les deux composantes de la transaction individuenvironnement. Elles peuvent aussi bien avoir une visée « interne » en contribuant à la régulation émotionnelle *(emotion-focused)*, qu'une visée «externe», par laquelle l'individu cherche à agir sur l'environnement pour résoudre le problème engendré par la situation anxiogène *(problem-focused)*. Or, la fonction défensive, inconsciente par définition, agit exclusivement sur des processus internes perceptifs et représentationnels.

Ce n'est pas avant les années 60 que le terme de *coping* a été utilisé pour décrire différents comportements ou stratégies d'adaptation (Parker & Endler, 1996), ouvrant la voie à un champ de recherche distinct et prolifique. Le terme, issu des travaux de Lazarus et Launier (1978), vient de l'anglais *to cope with*, qui signifie «s'en sortir, faire face à, venir à bout de». Plusieurs traduction françaises du terme ont été avancées, telles que «stratégies d'adaptation» (Beaurepaire, 1992), «faire face» (Rivolier, 1989) ou encore «maîtrise» (Leplat, 1997). En suivant les recommandations de Vézina (2003), nous retiendrons dans le cadre de ce travail le terme «ajustement» (Paulhan & Bourgeios, 1995), que nous utiliserons en alternance avec l'expression anglaise originale[5]. Une étude de la littérature existante nous permet de distinguer deux approches essentielles du coping. L'approche structurale prône l'existence de tendances adaptatives basées sur des patterns comportementaux stables de la personne qui lui permettent de mieux gérer les situations stressantes : on parle ici de «styles de coping». L'approche situationnelle, quant à elle, étudie le coping en tant qu'un processus d'interaction entre l'individu et l'environnement : elle tente de dégager des «stratégies de coping» plus ou moins efficaces en fonction des situations spécifiques.

2. L'approche structurale : Le coping en tant que disposition

Les partisans de cette de cette approche se concentrent sur les caractéristiques individuelles stables en matière d'ajustement au stress. L'objectif principal est ici l'identification de tendances dispositionnelles ou de «styles de coping» qui prédisent une issue plus ou moins favorable de la ren-

---

5   Selon Vézina (2003), «Il semble largement admis d'utiliser l'expression anglaise pour se référer à ce concept» (Chipp & Scherer, 1992 ; Pronost & Tap, 1996). L'auteur relève en outre que «dans le grand dictionnaire de psychologie (Bloch, Chemana, Gallo et al , 1991), le terme de coping est retenu sans traduction».

contre avec le stresseur, issue qui est déterminée par exemple par les symptômes ressentis et le bien-être psychologique. En d'autres termes, certains individus, en fonction de leurs traits de personnalités, seraient moins vulnérables et s'adapteraient mieux aux situations stressantes. Même si les tentatives de conceptualisation sont nombreuses, on peut identifier une même dichotomie dans la plupart des typologies proposées. En effet, une distinction fondamentale est généralement faite (Cohen, 1987 ; Newton, 1989) entre un premier style qui privilégie l'évitement de la menace perçue, et un second type caractérisé par la confrontation et la tentative d'agir sur la situation problématique.

Un des premiers a effectuer cette distinction est Byrne (1961 ; 1964), qui s'inspire de la notion freudienne de refoulement pour décrire l'antagonisme «répression-sensibilité» *(Repressive/Senstive coping styles)*. Freud a défini le refoulement comme un processus de mise à l'écart de pulsions susceptibles de provoquer un déplaisir, et qui se voient refuser l'accès à la conscience (Brown, 1964) ; il utilise d'ailleurs le terme *Unterdrückung*, qui littéralement siginifie «répression», pour désigner la poussée sous-jacente et active de l'élément réprimé (Chemama, 1995). Byrne (1961) décrit les *Repressors* comme ayant recours à un comportement d'évitement face à des stimuli anxiogènes. Ce comportement d'évitement comprend des mécanismes comme le refoulement, le déni et la rationalisation (Byrne, 1964). Par opposition, les *Sensitisers*, qui cherchent à affronter et à maîtriser la source de menace pour diminuer l'anxiété ressentie, ont recours à l'intellectualisation, aux comportements obsessionnels et aux ruminations. Des recherches ont mis en évidence les liens entre le recours aux mécanismes d'ajustement qui caractérisent le style «répressif» et divers problèmes de santé, comme les troubles du système immunitaire (O'Leary, 1990 ; Jamner, Schwartz & Leigh, 1988 ; Jamner & Leigh, 1999), l'évolution défavorable du cancer (Jensen, 1987), l'augmentation du risque d'apparition de troubles cardio-vasculaires (Niaura et al., 1992) et l'asthme (Mathe & Knapp, 1971).

D'autres auteurs ont effectué une distinction similaire en se basant sur les mécanismes de traitement de l'information, plus particulièrement ceux impliqués dans l'évaluation des menaces. Dans une étude réalisée dans l'environnement hospitalier, Miller et Mangan (1983) ont cherché à déterminer le niveau optimal d'informations médicales à présenter aux patients. Ces auteurs ont décrit deux styles de coping, basés sur le comportement des patients dans le traitement d'indices de menace liée à la maladie. La

première catégorie de patients, nommés *Monitors*, cherche activement à
s'informer sur la maladie, alors que la deuxième catégorie nommée *Blun-
ters* a tendance à éviter de telles informations. Selon ces auteurs, le niveau
d'anxiété des patients est plus bas lorsque la quantité d'informations fournies correspond à leur style de coping.

Si l'on accepte la relative stabilité des styles de coping à travers le
temps, il paraît alors intéressant de les mettre en rapport avec les traits de
personnalité. Certains facteurs de personnalité, notamment l'optimisme,
le névrosisme ou encore la personnalité de type A semblent à priori jouer
un rôle dans la manière dont les gens réagissent face au stress (Hewitt &
Flett, 1996). Par exemple Newton (1989) va jusqu'à considérer la personnalité de type A comme un style de coping à part entière. Toutefois, la
plupart des auteurs (Carver, Scheier & Weintraub, 1989) distinguent les
traits de personnalité des styles de coping et cherchent plutôt à étudier les
liens entre ces deux types de variables. Pour établir ces liens, certaines
variables sont communément évaluées, comme le comportement de type
A, le lieu de contrôle ou le Névrosisme. Ces variables et leur influence sur
les mécanisms adaptatifs seront discutées dans le chapitre IV.4.

3. L'approche situationnelle : Le coping en tant que processus

Cette approche, qui est largement dominée par les travaux de Lazarus et
son modèle transactionnel du stress, considère le coping comme un processus dépendant des situations spécifiques. Selon Lazarus et Folkman
(1984), le coping est un processus dynamique à travers lequel l'individu
est amené à utiliser des stratégies différentes selon la spécificité de sa
relation à l'environnement. Plus précisément, ils définissent le coping
comme «des efforts cognitifs et comportementaux en changement permanent en vue de gérer des demandes spécifiques externes et/ou internes qui
sont évaluées comme exigeante ou dépassant les ressources de personne»
(Lazarus & Folkman, 1984, p. 141). Même s'ils ne nient pas l'influence
de facteurs individuels stables sur le choix de ces stratégies, Lazarus et
Folkman mettent l'accent sur le processus dynamique et complexe en jeu
entre l'individu et son environnement. Dès lors, plutôt que d'opérer une
typologie en termes de conduites habituelles, l'approche situationnelle vise

l'identification de stratégies de coping plus ou moins efficaces, en mettant l'accent sur la nature changeante des efforts cognitifs et comportementaux déployés par l'individu afin de s'adapter aux exigences de situations spécifiques. La majorité des tentatives de définition, de classification et d'évaluation des stratégies de coping (Pearlin & Schooler, 1978; Billings & Moos, 1984; Folkman & Lazarus, 1980; 1985; 1988; Wong & Reker, 1985) s'alignent sur la dichotomie proposée par Lazarus et son équipe (Folkman & Lazarus, 1980; Lazarus & Folkman, 1984), qui distinguent deux fonctions essentielles du coping: la résolution du problème et la régulation de la détresse émotionnelle. Ces fonctions donnent lieu à deux dimensions fondamentales du coping, communément acceptées. La première dimension regroupe des stratégies orientées vers la tâche (résolution de problèmes, restructuration cognitive, réinterprétation positive), et appelées «centrées sur le problème» *(Problem focused)*. La seconde dimension, qui reflète une orientation vers la personne (centration sur soi, rêverie), inclut des stratégies «centrées sur les émotions» *(Emotion focused)*. Le tableau 3 présente une classification d'après Steptoe (1991) de ces dimensions fondamentales avec des réponses spécifiques situées en fonction de leur dimension (problème vs émotions) et leur forme d'expression (comportementale vs cognitive). Endler et Parker (1990; 1992; 1995) enrichissent cette classification binaire en introduisant une troisième dimension qui viserait l'évitement du problème, dont les stratégies peuvent être soit orientées vers la tâche (Distraction), soit orientées vers la personne (Diversion sociale).

Tableau 3: Une classification du coping psychologique, d'après Steptoe (1991).

Stratégies d'ajustement				
Dimensions	Centrées sur le problème		Centrées sur les émotions	
Formes	Comportementale	Cognitive	Comportementale	Cognitive
Mode actif	Tentative de contrôle Résolution de problème	Redéfinition Restructuration	Recherche de soutien social, d'information	Expression émotionnelle
Mode passif	Evitement Fuite	Pensée positive Distanciation	Distraction Rejet d'information	Inhibition des émotions Déni

4. Personnalité, stress et coping

Nous avons vu que le modèle transactionnel a souligné l'importance de prendre en compte la nature subjective et individuelle de l'expérience du stress. Dès lors, il paraît légitime d'étudier les caractéristiques individuelles qui induisent une différence dans les phases d'évaluation et d'ajustement décrites par Lazarus et Folkman (1984). Dans ce sens, de nombreuses recherches ont montré l'impact de facteurs socio-démographiques tels que le sexe (Ivanccvitch & Matteson, 1980; Holmes, 1994; Lucas & Gohm, 1999; Fuhrer et al., 1999), l'âge (Buck et al., 1994; Wall et al., 1997; Warr, 1992) ou le statut socio-économique (Beekman, Copeland & Prince, 1999; Wilkinson, 1997) sur les réactions au stress et les pathologies qui y sont associées.

Parmi les caractéristiques individuelles susceptibles d'influencer le processus de stress, la personnalité est l'une des plus étudiées. En effet, de nombreuses études ont cherché à explorer et décrire l'impact de la personnalité, décrite par différents modèles et typologies, sur le processus de stress (Parkes, 1994; Endler & Parker, 1990; 1992; Schaubroeck & Ganster, 1991; O'Driscoll, 2001). Malgré une approche clairement situationnelle du stress et l'accent porté sur un processus en changement continu, Lazarus lui-même souligne l'existence de régularités et l'importance du rôle des dispositions individuelles dans les différentes phases du processus (Lazarus, 1993; 1995). La relation semble d'autant plus logique lorsque l'on cherche à mettre en lien la personnalité, en tant qu'un pattern général et stable de conduites, et le style de coping, qui traduit les conduites habituellement mises en œuvre en réponse à des situations stressantes (Costa, Sommerfield & McCrae, 1996; Watson & Hubbard, 1996). Selon Rolland (1998), la différence majeure entre ces deux entités réside en le fait que «les conduites de coping se caractérisent essentiellement par la situation (stressante ou problématique) qui les déclenche» (Rolland, 1998, p. 52). Nous allons présenter ici quelques uns des traits les plus étudiés et leur implication quant à la perception du stress, la mise en œuvre de conduites spécifiques d'ajustement et l'état de santé.

4.1. Comportement de type A

Ce concept a été proposé par Rosenman et son équipe (Rosenman et al., 1964), qui ont mené dans les années 60 une étude d'envergure sur les facteurs de risque des maladies cardio-vasculaires *(Western Collaborative Group Studies)*. Les résultats de cette étude ont relevé qu'une configuration de comportements, nommée type comportemental A *(Type A behaviour pattern)*, augmentait le risque de développement de troubles cardio-vasculaires. Ce schéma comportemental est défini par l'existence chez le sujet de traits tels que l'impatience, l'agressivité, l'irritabilité, la recherche de compétition et de lutte, l'engagement professionnel et le besoin de contrôler les contingences environnementales. Par opposition, le sujet de type B a été caractérisé par une absence ou une modération de ces traits. Les premières données existantes ont mis en évidence une relation entre le type comportemental A et les indicateurs physiologiques de stress, mais les résultats ont été moins probants en ce qui concerne les indicateurs de tension et de détresse psychologiques (Ganster & Schaubroeck, 1991). En effet, le risque de développement de troubles cardio-vasculaires a été évalué comme étant deux fois plus important pour les sujets de type A (Rosenman et al., 1964). Concernant les variables psychologiques, Cohen et Edwards (1989) relèvent que deux hypothèses principales ont été formulées pour conceptualiser et vérifier le lien entre ce type de personnalité et les réactions cognitives et comportementales face su stress. La première suggère une tendance plus importante chez les sujets de type A à s'exposer aux stresseurs, par exemple en choisissant des situations professionnelles caractérisées par une grande charge de travail et une compétition intense *(Differential exposure hypothesis)*. La seconde hypothèse concerne la réactivité intense des sujets de type A face au stress *(Differential reactivity hypothesis)*. Aucune de ces suggestions théoriques n'a pu être solidement vérifiée et les résultats des recherches dans ce domaine sont contradictoires (Caplan et al., 1975; Burke, 1988; Hurrell, 1985). De plus, même les premiers liens trouvés entre le type comportemental A et l'occurrence de troubles cardio-vasculaire ont été progressivement remis en question (Powell, 1987; Mathews & Haynes, 1986). D'une manière générale, ce concept a été fortement critiqué, notamment en ce qui concerne sa définition équivoque, sa nature unidimensionnelle et le manque de validité de ses outils de mesure (Powell, 1987; Parkes, 1994; Ganster & Schaubroeck, 1991), et progressivement abandonné au bénéfice de variables descriptives de la personnalité plus convaincantes.

4.2. *Locus of Control*

Le concept de «Lieu de contrôle» (*Locus of Control*, Rotter, 1966) évalue l'attribution causale qu'établissent les individus entre les événements observés et leur propre comportement, et donc le niveau de contrôlabilité perçue. Ainsi, un individu caractérisé par un lieu de contrôle interne pense que ses comportements ont un impact sur le déroulement et l'issue des événements, alors que, par opposition, le lieu de contrôle externe reflète des croyances d'impuissance et de manque de maîtrise sur les événements (Rossier, Riggozi & Berthoud, 2002). Cette définition laisse supposer l'existence d'un lien avec les phases d'évaluation et d'ajustement du processus de stress, lien qui a été établi par de nombreuses recherches. En effet, des travaux montrent que les sujets «externes» perçoivent plus de facteurs de stress et rapportent plus de symptômes que les sujets «internes» (Parkes, 1984; 1991; Evans, Coman, Stanley et al., 1993; Gadzella, 1994). De plus, l'internalité a été mise en lien avec le recours à des stratégies de coping centrées sur la tâche, et donc ayant un effet favorable sur l'ajustement au stress (Steptoe, 1991; Evans, Coman, Stanley et al., 1993). Enfin, dans une méta-analyse portant sur différents traits de personnalité largement étudiés en psychologie, Judge et ses collègues (2002) ont mis en évidence une forte relation entre la mesure du locus of control et celle du névrosisme, au point qu'ils suggèrent l'existence d'un concept d'ordre supérieur, dont les traits en question seraient en fait des composantes.

4.3. *Névrosisme*

Egalement nommé «Neuroticisme», «Affectivité Négative», ou encore «Anxiété-Trait», le Névrosisme est sans conteste l'une des dimensions majeures en ce qui concerne la description de la personnalité, et l'une des plus étudiées dans le domaine du stress professionnel (Tokar, Fischer & Subich, 1998). Le Névrosisme est l'une des dimensions constitutives du modèle de la personnalité à cinq facteurs (*Five-Factor Model*, Digman, 1990; Peabody & Goldberg, 1989), l'un des modèles actuels les plus fré quemment utilisés (Hart, Wearing & Griffin, 1996; McCrae & Costa, 1991; Rolland, 1996; Rossier, Meyer de Stadelhofen & Berthoud, 2004), et qui postule que la personnalité peut-être décrite de manière économique et précise à partir de cinq dimensions fondamentales : Le Névrosisme, l'Extraversion, l'Ouverture, l'Agréabilité et la Conscience. Le Névrosisme, qui englobe un large domaine de cognitions et de comportements, rend compte d'une tendance à éprouver des affects négatifs, comme la peur, la tristesse, la culpabilité et le dégoût, d'où l'appellation d'affectivité négative *(Negative Affectivity)* initialement proposée par Watson et Clark (1984). Plus précisément, un score élevé sur cette dimension décrit des individus en proie à la détresse psychologique et à l'insatisfaction, centrés sur leurs échecs et lacunes, et ayant une perception générale négative du monde et une faible estime de soi (Watson & Clark, 1984; Clark & Watson, 1991).

De nombreuses recherches ont montré le rôle du Névrosisme en tant que facteur de vulnérabilité face au stress (Brief et al., 1988; Burke, Brief & George, 1993; Bolger, 1990; McCrae & Costa, 1991; Moyle & Parkes, 1999; Parkes, 1990; Rolland, 1999; 2003). L'idée centrale de ce courant de recherche est que ce trait a un effet modérateur sur le processus de stress, et implique donc des différences individuelles aussi bien lors de la rencontre des stresseurs et de leur perception *(Differential exposure hypothesis)*, qu'en ce qui concerne les réactions face au stress *(Differential reactivity hypothesis)* (Bolger & Zuckerman, 1995). De plus, la place du Névrosisme est d'autant plus central dans l'étude du rôle des dispositions individuelles dans le processus de stress que de nombreuse recherches (Jolley & Spielberger, 1973; Payne, 1988; Funk & Houston, 1987; Rossier, Riggozi & Berthoud, 2002), ont relevé les corrélations élevées entre cette dimension et d'autres traits descriptifs de la personnalité, notamment le «lieu de contrôle» *(Locus of Control*, Rotter, 1966), la «robustesse» *(Hardiness*, Kobasa, 1979), et la «personnalité de type A» *(Type A behaviour pattern*, Rosenman & Friedman, 1959). Dès lors, et au vu de la validité insuffisante de certains de ces concepts *(TABP, Hardiness)*, il apparaît que le Névrosisme est la dimension qui décrit le mieux un ensemble de caractéristiques partiellement expliquées par d'autres traits, et devrait donc être préféré à ceux-ci (Parkes, 1994; Payne, 1988).

4.3. Conscience

Nous avons vu que le Névrosisme constitue l'une des composantes d'une approche multi-dimensionnelle de la personnalité *(Five-Factor Model)*, qui suppose l'interaction de cinq dimensions fondamentales dans la description des différences individuelles. Or Rolland (2002) relève que la plupart des recherches sur le rôle de la personnalité dans le processus de stress se focalisent sur un nombre restreint de dimensions – voire même une seule. Selon cet auteur, «Ce type d'approche est limité, en effet l'action d'une dimension de personnalité ne peut se comprendre qu'en tenant compte des autres dimensions qui, dans un cadre personne-situation donné, peuvent manifester des interactions cumulatives ou suppressives sur les conduites étudiées» (Rolland, 2002, p. 8). Pourtant, de rares études existantes montrent que, outre le rôle du Névrosisme en tant que facteur de vulnérabilité dans les différentes phases du processus de stress, la dimension de Conscience joue un rôle immunogène ou protecteur dans ces phases (Young & Corsun, 1999 ; Rolland, 2002), ou qu'elle a du moins un effet modérateur sur le lien entre les stresseurs et la détresse psychologique (Miller, Griffin & Hart, 1999). Cette dimension, parfois appelée «Volonté de Réussite» (Costa, McCrae & Rolland, 1998), décrit des individus volontaires et déterminés, portés sur la réflexion, l'exactitude et le sens de l'organisation (Costa & McCrae, 1989 ; Rolland, 1998).

V. Spécificités des groupes étudiés

1. Le stress du personnel des services de secours et d'incendie

Les professionnels des services d'urgence sont régulièrement confrontés à la blessure, à la mutilation et à la mort. Il est vrai que parmi ces professionnels, les membres des équipes médicales (médecins urgentistes, infirmiers) bénéficient pendant leur formation d'une réflexion et d'une préparation psychologique, afin de pouvoir gérer ces situations difficiles. Pourtant, dans la chaîne des secours d'urgence, les premiers à rencontrer ces situations difficiles sont les pompiers et les ambulanciers. Or, il s'avère qu'au niveau de leur formation de base, l'accent est mis sur les aspects techniques du travail, et que ces hommes et femmes sont peu préparés à confronter de telles situations (Lespinasse, 2002).

Le travail des combattants du feu est caractérisé par la présence du danger et des exigences physiques et émotionnelles élevées. En s'engageant dans des opérations de secours, les pompiers sont soumis à des charges physiques très importantes, par exemple en transportant des victimes d'incidents en lieu sûr ou en manipulant des lances à incendies et du matériel lourd, affublés d'un équipement de protection lourd et astreignant (combinaisons de protection, appareil respiratoire isolant). De plus, les conditions environnementales (chaleur, bruit) et la présence de facteurs de risque (risques d'intoxication par inhalation de gaz toxiques et de fumé de polymères en combustion, risques de brûlures et de coupures, risque de contraction de maladies transmissibles par exposition au sang) rendent leurs tâches encore plus difficiles (Orris, Meluis & Duffy, 1995; Murphy et al., 1999). Selon une enquête menée par la *International Association of Firefighters* (IAFF, 1995), l'incidence des accidents de travail est approximativement 4.5 fois pus élevée chez les pompiers américains que parmi les ouvriers de l'industrie privée. D'autres études montrent que le risque de développement de pathologies cardio-vasculaires et respiratoires est plus important chez les pompiers que dans la population générale (Vendelen, 1994; Gochfeld, 1995). Ces risques sont encore aggravés par des comportements nuisibles pour la santé, comme la consommation abusive d'alcool et de tabac (Murphy et al., 1999; Murphy et al., 2002). Parmi tous les travailleurs américains, les pompiers paient le quatrième plus lourd tribut au niveau des morts prématurées (Leigh, 1988; U.S. Bureau of Labor Statistics, 1995).

Pourtant, le métier de sapeur-pompier reste relativement mal connu et peu étudié. La majorité des recherches présentées ci-dessus se sont focalisées sur les contraintes physiques et les manifestations somatiques qui en découlent, et peu de travaux ont été consacrés à l'étude des contraintes psychosociales de ce métier et leur implication à long-terme pour ceux qui l'exercent. Or, étant donnée la combinaison de ces contraintes et le danger inhérent à l'exercice quotidien de cette profession, il semble primordial de se pencher sur le stress psychologique auquel sont soumis les femmes et les hommes qui évoluent dans les services de secours et d'incendie (Murphy et al., 1999; Beaton et al., 1998).

1.1. Les incidents critiques: Le stress post-traumatique

La majorité des études du stress chez les pompiers se basent sur une approche causaliste du stress: l'objectif ici est l'étude de l'impact de l'exposition à des déclencheurs «majeurs» (stimulus) sur la santé des intervenants (réponse). Pour ce faire, les chercheurs répertorient d'une part l'occurrence de situations exceptionnelles et potentiellement traumatisantes (désincarcération de blessés lors d'accidents de la circulation, réanimation cardiaque, accidents impliquant des victimes en bas âge, incendies majeurs, catastrophes naturelles) (McFarlane, 1988; McCammon, 1996). D'autre part, ils vérifient l'incidence d'une série de troubles physiques et psychiques survenus suite à l'exposition à ces situations, troubles qui sont habituellement repertoriés sous le terme de Syndrome de Stress Post-Traumatique (Beaton & Murphy, 1995; Beaton, Murphy & Pike, 1996; Bryant & Harvey, 1995). Ainsi, différents travaux montrent la prévalence des symptômes post-traumatiques chez les pompiers dans différents pays, notamment aux Etats-Unis (Beaton & Murphy, 1993; 1995), en Grande-Bretagne (Paton, Ramsay & Sinclair, 1995), au Japon (Paton & Smith, 1995), en Australie (Paton, Cacioppe & Smith, 1995) et au Canada (Corneil, 1995).

1.2. Les situations de travail: Le stress quotidien

Parrallélement à ce domaine de recherche qui évalue l'impact d'incidents critiques et «hors du commun» sur la santé individuelle, d'autres auteurs soulignent l'importance de considérer également les situations quotidiennes et les stresseurs «mineurs» qui peuvent être générateurs de souffrance (Beaton & Murphy, 1993; Brough, 2002; Hart & Cotton, 2003; Murphy et al., 1999; Ponnelle, 2003). D'autant plus qu'il existe des liens entre l'exposition ponctuelle à des incidents critiques et l'exposition répétée à des stresseurs quotidiens, l'effet combiné des deux pouvant renforcer le risque de développement du syndrome de stress post-traumatique (Beaton, Murphy & Pike, 1996; Beaton et al., 1998; Corneil et al., 1999). Notons que le débat suscité par ces deux visions du stress dans les professions de secours est de même nature que l'opposition entre les approches théoriques basées sur les macro-stresseurs *(Life Events Approach)* et les micro-stresseurs *(Daily Hassles).* Nous avons déjà discuté de l'importance de la prise en compte des déterminants quotidiens du stress au chapitre III.2.1. Dans ce sens, Kop, Euwema et Schaufeli (1999) ont effectué une comparaison entre stresseurs traumatiques et organisationnels, concluant, en conformité avec des études antérieures (Hart, 1994; Hart, Wearing & Heady, 1995), que les stresseurs organisationnels ont un impact plus important sur la santé des individus

Dans une enquête menée auprès d'une cohorte de sapeurs-pompiers, Ponnelle et Vaxevanoglou (1997) répertorient les stresseurs potentiels caractéristiques de ce contexte professionnel, qu'ils organisent selon deux catégories. Une première catégorie regroupe des stresseurs situationnels, qui rendent compte des contraintes et des facteurs de risque que les pompiers rencontrent lors de leurs missions d'intervention. Ces contraintes peuvent être synthétisées comme suit:

− Contraintes cognitives: affrontement de situations nouvelles, ampleur des sinistres sur le lieu d'intervention, distorsion entre les informations reçues par les opérateurs et la réalité du terrain, prise de décision dans des délais restreints, incertitude quant à l'évolution de la situation et de ses conséquences.
− Contraintes physiques: bruit, chaleur, charges physiques, diminution de la visibilité, des sensations et des mouvements (combinaisons de protection, équipements de plongée), impossibilité de communiquer (appareil respiratoire, bruit des compresseurs).

– Contraintes émotionnelles: exposition à la souffrance et à la détresse
des victimes (brûlés, suicidés, blessés graves), incidents impliquant des
victimes de bas âge (accidents domestiques, décès de nourrissons) ou
des connaissances (famille, amis, voisins).

La seconde catégorie comprend des contraintes qui découlent des aspects
organisationnels du travail, qui peuvent être résumées comme suit:

– Contraintes professionnelles: le poids de la responsabilité endossée
(envers les collègues et les victimes) et de la disponibilité constante,
rythme de travail, garde de fin de semaine, travail de nuit, attente des
alarmes.
– Contraintes logistiques: insuffisance de la formation technique et théorique, manque de matériel.
– Contraintes interpersonnelles: travail d'équipe, relations entre collègues
et avec les officiers supérieurs, absence de structures d'écoute, respect
de la hiérarchie.

1.3. Les facteurs de protection

Parmi les facteurs de protection du stress professionnel, les bénéfices de
l'exercice physique sont évidents pour les pompiers. En fait, la condition
physique est un critère essentiel de sélection des nouvelles recrues (Davis,
Dotson & Santa Maria, 1982), et l'entraînement physique régulier fait
partie de la routine des pompiers et les aide à maintenir un niveau de
performance prescrit pour l'exercice de leur profession (Brownie et al.,
1985; Ellam et al., 1994). L'exercice physique régulier a également été
associé à une santé mentale satisfaisante. Notamment, l'exercice physique semble réduire aussi bien le niveau d'anxiété (Landers & Petruzzello,
1994) que les symptômes dépressifs (North, McCullagh & Tran, 1989).
De plus, la condition physique semble être corrélée négativement à la réponse au stress psychologique (Crews & Landers, 1987). Plus précisément, des sujets en bonne forme physique présentent une réactivité plus
modérée face au stress et jouissent de meilleures capacités de rémission
que des sujets moins entraînés.

2. Le stress du clergé

2.1. La religion : Source de réconfort ou facteur de stress ?

Dans leur tentative de jeter les bases d'une science objective, les psychologues ont traditionnellement fait preuve d'une certaine méfiance vis-à-vis du sentiment religieux, certains n'hésitant pas à considérer la religion comme un obstacle à l'objectivité, au rationalisme et à l'équilibre mental (Ellis, 1971 ; Freud, 1973). Néanmoins, la dernière décennie a vu un regain d'intérêt des chercheurs en sciences sociales pour la spiritualité et la religiosité. De nombreuses recherches ont souligné l'impact positif de la religion sur le bien-être physique et psychologique (Koenig, 1997 ; Larson, Swyers & McCullough, 1997 ; Levin, 1996 ; Levin & Schiller, 1987). La religion est habituellement considérée comme une source de réconfort et de soutien, qui aide les individus à traverser les moments d'adversité et leur procure assistance et sentiment de sécurité. Dans ce sens, certains auteurs ont relevé le rôle de la religion en tant que ressource d'adaptation au stress (Paragment, 1997 ; Park & Cohen, 1993) et comme facteur de protection face à la détresse psychologique (Gartner, 1996). D'autres encore considèrent que la croyance religieuse peut également être source de détresse psychologique, en suscitant des sentiments tels que la culpabilité (Exline & Yali, 1999 ; Pargament et al., 1998), le doute (Hunsberger et al., 1993) ou le désespoir (Nielsen, 1998). Quoiqu'il en soit, il semble établi aujourd'hui que les croyances, les représentations et les pratiques religieuses sont impliquées dans le processus d'ajustement aux situations stressantes et que la religion a une influence sur les différentes phases (évaluation, tentative d'adaptation, conséquences) de rencontre avec le stress (Koenig, George & Siegler, 1988 ; Park & Cohen, 1993 ; Pargament, 1990).

2.2. Les stresseurs spécifiques

Outre les sources «classiques» de stress professionnel que nous avons déjà présentées (chapitre II), il semble important de considérer quelques aspects spécifiques de l'environnement professionnel des pasteurs, ainsi que les contraintes qu'ils présupposent. Dans un ouvrage sur le stress du clergé, Irvine (1997) dresse un tableau des nouveaux défis auxquels doit faire face l'Eglise, et que nous tenterons de présenter ici. Tout d'abord, il faut relever que l'exercice du ministère semble constituer une des dernières professions qui s'exercent principalement en solitaire. En effet, dans la plupart des autres professions, on constate un développement du travail en équipe (ce qui est, nous l'avons vu, d'autant plus le cas en ce qui concerne les pompiers), alors que les pasteurs sont souvent seuls à gérer les activités d'une paroisse. On peut dès lors se demander si les pasteurs peuvent disposer d'un soutien social adéquat pour faire face aux situations professionnelles.

D'autre part, l'identité professionnelle des pasteurs est selon Irvine (1997) affectée par l'évolution de l'opinion publique concernant l'Eglise et ceux qui y travaillent. En effet, les sociétés modernes occidentales se caractérisent par une prédominance de valeurs telles que l'individualisme, le rationalisme et le laïcisme, alors que les pratiques collectives et traditionnelles sont en perte de vitesse. Dès lors, il semble que de plus en plus, la société considère l'Eglise comme une institution sociale secondaire, voir désuète. De plus, cette crise identitaire est aggravée par l'émergence de nouvelles églises communautaires et indépendantes. Ces changements sociétaux placent l'institution cléricale face à une nécessité de réorganisation et d'adaptation, et impliquent très souvent des pressions d'ordre financier (restrictions budgétaires, diminution des subsides de l'état et des moyens à disposition), alors que les exigences en matière de formation du personnel restent les mêmes. C'est précisément le cas de l'institution étudiée, puisque l'Eglise Evangélique Réformée du Canton de Vaud (EERV) traverse en ce moment une phase de restructuration, qui comprend une réorganisation et des suppressions de postes.

L'étude de la littérature spécialisée montre que le stress professionnel des pasteurs est un sujet relativement peu étudié. Dans ce contexte, quelques rares études ont été consacrées aux déterminants du stress professionnel et à leurs conséquences pour la santé des individus, notamment en termes d'épuisement mental et émotionnel. Ces études (Evers & Tomic, 2004 ; Tomic, Tomic & Evers, 2004) soulignent le rôle de facteurs tels que le manque de soutien social et l'ambiguïté des rôles dans l'apparition des symptômes d'épuisement professionnel *(Burnout)*, ainsi que l'influence positive des dimensions de la personnalité, notamment la stabilité émotionnelle et l'extraversion. D'autre part, ces travaux montrent que les activités telles que la préparation d'un sermon, la relation d'aide, l'accompagnement pastoral ou encore les tâches d'organisation et d'administration engendrent une charge professionnelle importante. Une autre étude portant sur la prévalence de la détresse psychologique dans un échantillon de 750 pasteurs brésiliens (Lotufo-Neto, 1996) montre que les difficultés les plus souvent observées sont les troubles dépressifs (16.4%), les troubles du sommeil (12.9%) et l'anxiété (9.4%). Outre les conflits relationnels (couple, collègues, supérieurs) et les difficultés financières, la surcharge professionnelle semble être l'une des causes des symptômes répertoriés. Enfin, dans le cadre d'une intervention visant à mettre en place un processus de sélection et de développement professionnel pour les candidats aux postes ministériels de l'EERV, nous avons effectué une analyse du travail des pasteurs, afin de mettre en évidence les compétences-clé pour l'exercice de cette profession (Massoudi, Mottet & Erard, 2000). Les résultats de l'enquête menée auprès des responsables du service de formation de l'EERV ont relevé que parmi un ensemble de 7 compétences considérées, la plus centrale est celle de «gestion de stress et de résistance aux pressions».

VI. Hypothèses de travail

Après avoir passé en revue la littérature consacrée au stress et au coping, nous présenterons ici les objectifs généraux de ce travail, ainsi que les hypothèses spécifiques et le modèle théorique qui sous-tend la conceptualisation des variables mesurées.

1. Objectifs et questions de recherche

Notre étude se propose d'évaluer le stress professionnel, sa gestion et sa relation à la satisfaction et au bien-être, dans un échantillon formé de deux groupes, soient des pompiers professionnels et des pasteurs.

Le cadre conceptuel retenu pour ce travail est celui du modèle transactionnel, selon lequel le stress est défini « comme une relation entre la personne et l'environnement qui est évaluée par la personne comme imposant un recours excessif à ses ressources ou dépassant ses possibilités de réponse et mettant en danger son bien-être » (Folkman, 1984, p. 840). Conformément à ce modèle, nous accordons une attention spéciale à l'évaluation subjective des situations stressantes et aux stratégies d'ajustement au stress. Le stress professionnel sera conceptualisé et étudié en tant qu'un processus mettant en interaction trois séquences de réactions individuelles : l'évaluation cognitive (stress perçu) des situations problématiques, la réaction émotionnelle (états affectifs négatifs et positifs) qu'elles induisent, et les conduites mises en œuvre pour s'y adapter (coping).

Dans un premier temps, nous étudierons l'impact des contingences individuelles (dimensions de personnalité) et environnementales (caractéristiques professionnelles), et l'influence des variables sociodémographiques (sexe, âge, groupe professionnel) sur le processus de stress. Dans ce sens, nous suivons les recommandations de Rolland (2000) qui souligne le rôle important des dispositions stables de l'individu dans ce processus. Nous chercherons également à évaluer l'impact des contingences environnementales, conceptualisées par la charge de travail et le degré d'autonomie laissée au travailleur, sur le processus de stress. Pour ce faire, nous mettrons à l'épreuve les postulats du modèle Demand-Control (Karasek, 1979; Karasek & Theorell, 1990) concernant l'influence des caractéristiques du travail sur la tension psychologique et le bien-être individuel. Nous nous arrêterons ensuite sur le processus même, en étudiant les interactions entre les différentes phases de réactions face au stress (cognitive, émotionnelle et comportementale). Enfin, nous étudierons l'impact des contingences individuelles, des conditions environnementales et des différentes phases du processus sur le bien-être individuel et leur contribution à l'évaluation de la satisfaction professionnelle et générale. Ainsi, les questions générales auxquelles nous nous proposons de répondre sont les suivantes :

– Peut-on mettre en évidence une relation entre les réactions au stress et les caractéristiques sociodémographiques (sexe, âge)?
– Peut-on relever des différences dans les contingences individuelles et environnementales, les réactions face au stress et l'évaluation de la satisfaction entre les groupes professionnels étudiés?
– Quel est l'impact des patterns de réactions stables de l'individu (dimensions de la personnalité) sur les réactions spécifiques face au stress professionnel?
– Quel est l'impact des caractéristiques objectives de la situation professionnelle (charge de travail, autonomie décisionnelle) sur les réactions subjectives face au stress?
– Existe-t-il une relation entre les réactions face au stress et l'évaluation de la satisfaction?

2. Modèle théorique

Les hypothèses que nous nous proposons de vérifier s'appuient sur un modèle théorique qui peut être synthétisé sous la forme graphique suivante :

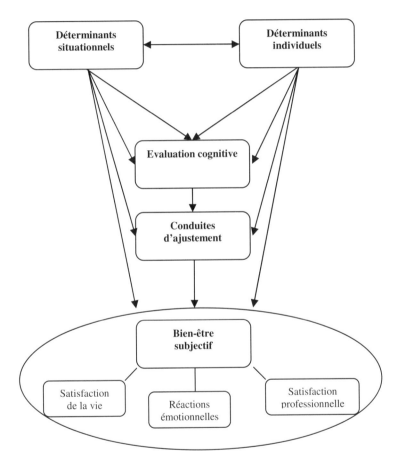

3. Hypothèses

H1: Nous nous attendons à trouver des différences parmi les deux groupes professionnels étudiés, notamment au niveau des contingences environnementales et du style de coping. Plus précisément:

- *H1.1.:* Nous nous attendons à ce que les pompiers rapportent une latitude décisionnelle moins élevée que les pasteurs. Cette différence découle d'une structure organisationnelle très hiérarchisée, mais aussi de procédures strictes et normatives d'exécution des tâches.
- *H1.2.:* Nous postulons que les pompiers professionnels ont un recours plus systématique aux stratégies «actives» (centrées sur la tâche) que les pasteurs. Dans ce sens, nous nous basons sur travaux ultérieurs sur le stress des pompiers (Ponnelle, 2002; 1998), mais également sur des résultats mis en évidence dans des contextes professionnels proches, notamment celui des policiers (Evans et al., 1993).

H2: Les conduites spécifiques intervenant dans les réactions aux situations professionnelles stressantes sont dépendantes des patterns généraux de conduite définis comme étant des dimensions de la personnalité. Plus précisément:

- *H2.1.:* L'évaluation cognitive que fait le sujet d'une situation stressante est dépendante des dimensions de la personnalité.
- *H2.2.:* Les émotions ressenties dans les situations professionnelles sont dépendantes des dimensions de la personnalité.
- *H2.3.:* Le style de coping, qui rend compte des stratégies habituellement déployées face au stress, est dépendant des dimensions de la personnalité.

En conformité avec les recherches dans ce domaine (Bolger, 1990; Costa & McCrae, 1989; Endler, Parker & Rolland, 1998; Moyles & Parkes, 1999; Ponelle, 1998; Payne, 1988; Rolland, 1997; 1999; 2002; Vollrath et al., 1995; Watson & Hubbard, 1996; Young & Corsun, 1999), nous nous attendons à ce que la dimension de Névrosisme constitue un facteur de vulnérabilité dans l'ensemble de ces réactions, alors que la dimension de Conscience représente un facteur de protection.

H3 : Conformément aux postulats du modèle Demand-Control (Karasek, 1979 ; Karasek & Theorell, 1990), la tension psychologique au travail résulte de l'interaction de deux aspects de la situation professionnelle : la demande psychologique et la latitude décisionnelle. Plus précisément, et en nous basant sur les résultats de travaux existant dans ce domaine (Mikkelsen, Saksvik, Eriksen & Ursin, 1999 ; Karasek & Theorell, 1990 ; Ursin, 1988 ; Levine & Ursin, 1991), nous postulons que :

- *H3.1. :* Une situation caractérisée par de fortes exigences et une faible possibilité de contrôle entraîne une tension psychologique associée à un niveau faible de bien-être cognitif, émotionnel et de satisfaction.
- *H3.2. :* Une situation dans laquelle les exigences et le contrôle sont importants procure du bien-être et de la satisfaction en favorisant l'apprentissage et le développement personnel.

H4 : Les réactions individuelles face au stress sont dépendantes du style d'ajustement au stress. Cette hypothèse se base sur les résultats de travaux dans le domaine (Schroeder & Costa, 1984 ; Burke, Brief & George, 1993 ; Rolland, 1998). Plus précisément :

- *H4.1. :* La centration sur les émotions est associée à un niveau élevé de stress perçu.
- *H4.2. :* La centration sur les émotions est associée à un niveau élevé d'affects négatifs vécus au travail.

H5 : Le bien-être des sujets est dépendant des différentes étapes de la transaction entre la personne et son environnement. Plus précisément, et en nous basant sur les travaux dans le domaine du bien-être subjectif (Argyle, 1987 ; Brief et al., 1993 ; Diener, 1984 ; 1994 ; Diener & Larsen, 1993 ; Diener et al., 1999 ; Feist et al., 1995 ; Lucas et al., 1996 ; Rolland, 2000), nous postulons que :

- *H5.1. :* La perception du stress entretient un lien négatif avec la satisfaction.
- *H5.2. :* L'expérience d'affects positifs sur le lieu de travail correspond à un niveau élevé de satisfaction, alors que les affects négatifs entretiennent un lien négatif avec la satisfaction.
- *H5.3. :* La centration sur les émotions entretient un lien négatif avec la satisfaction.

VII. Méthode

1. Conditions de l'enquête

Cette étude a été menée en collaboration avec trois institutions, à savoir le Service de Secours et d'Incendie de la ville de Lausanne (SSI), le Service d'Incendie et de Secours de la ville de Genève (SIS) et l'Eglise Evangélique Réformée du canton de Vaud (EERV). En accord avec les directions de ces institutions, nous avons transmis nos questionnaires à une personne responsable dans chaque institution; ceux-ci ont ensuite été redistribués au personnel des institutions. Chaque questionnaire était accompagné d'une enveloppe affranchie à l'adresse de l'Institut de Psychologie de l'Université de Lausanne. Sur les 150 questionnaires envoyés au SSI, 58 ont été remplis et renvoyés. Sur les 150 questionnaires envoyés au SIS, 50 ont été remplis et renvoyés. Sur les 300 questionnaires envoyés à l'EERV, 144 ont été remplis et renvoyés. Ces questionnaires ont été remplis sur la base du volontariat et de manière anonyme, et la stricte confidentialité des données individuelles a été garantie aussi bien par l'équipe de recherche que par les directions respectives des institutions partenaires.

2. Description de l'échantillon

2.1. Age

La moyenne d'âge de notre population globale est de 43.14 ans avec un écart-type de 9.58. Cette moyenne est plus élevée chez les pasteurs (moyenne = 46.40; écart type = 8.64) que parmi le personnel du SSI-VD (moyenne = 38.36; écart-type = 8.36) et le personnel du SIS-GE (moyenne = 38.20; écart-type = 9.51).

2.2. Sexe

Notre population totale est composée à 78.00% d'hommes. Cette prédominance des sujets masculins est principalement due à la disparité hom-
mes-femmes dans le groupe d'intervenants d'urgence. En effet, la proportion d'hommes est de 96.20% pour le personnel du SSI-VD et de 95.70%
pour celui du SIS-GE. Cette proportion est nettement plus équilibrée parmi les pasteurs et diacres de l'EERV, même si les hommes restent majori-
taires (65.80% d'hommes et 34.20% de femmes).

2.3. Situation familiale

Le tableau 3 décrit la fréquence des différents cas de figures de situations
familiales au sein de la population globale, ainsi que par groupe professionnel.

Tableau 3: Description de la situation familiale par groupe professionnel

	SIS-VD (N = 58)	SSI-GE (N = 46)	EERV (N = 148)	Total (N = 252)
Célibataire	14.3%	28.3%	8.2%	13.3%
En concubinage	16.1%	17.4%	3.4%	8.8%
Marié (e)	57.1%	41.3%	77.6%	66.3%
Séparé (e)	3.6%	4.3%	2.7%	3.2%
Divorcé (e)	8.9%	6.5%	7.5%	7.6%
Veuf (ve)	0%	2.2%	0.7%	0.8%

Note: SIS-VD = Service d'Incendie et de Secours – Vaud; SSI-GE = Service de Secours et
d'Incendie – Genève; EERV = Eglise Evangélique Réformée du canton de Vaud

2.4. Nombre d'enfants et enfants à charge

Nos répondants ont en moyenne 1.90 (SD = 1.39) enfants. Les pasteurs
ont en moyenne un nombre d'enfants plus élevé (moyenne = 2.41; SD =
1.36) que les intervenants d'urgence vaudois (moyenne = 1.28; SD = 1.00)
et genevois (moyenne = 1.02; SD = 1.14). Par contre, étant donné l'âge
moyen plus élevé chez les pasteurs, ceux-ci n'ont en moyenne que 1.70

enfants dont ils assument encore la charge (SD = 1.50), alors que cette proportion est de 0.70 pour le personnel du SIS-GE (SD = 1.00) et de 1.10 pour le personnel du SIS-VD (SD = 1.00).

2.5. Lieu de domicile

Seuls 6.2% des répondants vivent hors du domicile familial pour des raisons professionnelles. Cette proportion est de 13.2% pour le SSI-VD, de 7.1% pour le SIS-GE et de 3.4% pour l'EERV.

2.6. Profession du conjoint

Parmi les conjoints (es) de nos répondants, 28.80% exercent une profession à plein temps. Cette proportion est de 36.70% pour le SSI-VD, de 40.50% pour le SIS-GE et de 22.20% pour l'EERV. D'autre part, parmi les pasteurs et diacres de l'EERV, on constate que 18.70% des conjoints (es) exercent la même profession, alors que cette proportion est nettement plus faible en ce qui concerne le SSI-VD (2.00%) et inexistante pour le SIS-GE (11.60% pour la population totale). Nous pouvons relever ici une des caractéristiques de la profession ecclésiastique, dont les valeurs dépassent une sphère strictement professionnelle et se retrouvent à l'intérieur même du couple.

2.7. Ancienneté professionnelle

Au niveau de l'ancienneté professionnelle, la moyenne pour le SSI-VD est de 12.24 ans (SD = 8.05), avec un minimum d'un an et un maximum de 32 ans. Pour le SIS-GE, cette moyenne est de 14.78 ans (SD = 9.44; min = 1; max = 32). Pour l'EERV, cette moyenne est de 16.38 ans (SD = 9.29), avec un minimum d'un an et un maximum de 37 ans. Il est à noter que, pour des raisons pratiques, nous avons arrondi les anciennetés inférieures à une année à un an. Nous allons utiliser cette variable pour vérifier l'influence de l'expérience professionnelle sur la réaction au stress. Cette variable ne doit pas être confondue avec l'âge, que nous allons également contrôler pour vérifier son impact sur le stress.

3. Instruments

Un questionnaire contenant 257 questions a été formé à partir d'instruments aux qualités psychométriques reconnues. Le questionnaire évalue les variables suivantes:

3.1. Caractéristiques sociodémographiques

Cette partie, qui nous permet de caractériser les individus de notre échantillon avant d'aborder la batterie psychométrique, est totalement dépourvue de questions sur l'identité des sujets. En effet, afin de permettre aux participants de s'exprimer librement sur les aléas de leur travail, tout en facilitant la restitution ultérieure d'une synthèse des résultats aux responsables des institutions collaboratrices, nous avons tenu à préserver l'anonymat des répondants.

Outre les questions traditionnelles sur l'âge, le sexe et la situation de famille, nous avons posé des questions sur le lieu d'habitat, puisque certains sujets pourraient, pour des raisons professionnelles, vivre en dehors du domicile familial, ne pouvant ainsi pas bénéficier quotidiennement de la proximité et du soutien des proches. De plus, nous avons posé des questions sur le type et le taux d'activité exercée par le ou la conjoint(e). Nous cherchons ainsi des informations sur la qualité du soutien disponible dans le couple, selon que le (la) conjoint(e) exerce une activité à temps partiel et peut assumer une plus grande charge familiale et ménagère, ou qu'il (elle) exerce la même profession et est donc plus à même de comprendre les contraintes de son (sa) partenaire.

D'autres questions touchent les caractéristiques purement professionnelles, notamment la fonction exacte, la position hiérarchique dans l'organigramme de l'institution (le grade pour les pompiers), le parcours dans l'institution et d'éventuelles promotions obtenues, l'ancienneté et l'éventuelle spécialisation du répondant.

3.2. *Personnalité*

En ce qui concerne la description et la typologie de la personnalité, le nombre de dimensions à retenir pour une évaluation économique mais néanmoins précise a fait l'objet d'une discussion scientifique controversée. Le modèle retenu pour ce travail est celui à cinq facteurs de Costa et McCrae (1985 ; 1992). Comme son nom indique, le *Five-Factor Model* se base sur cinq dimensions fondamentales, qui sont le Névrosisme, l'Extraversion, l'Agréabilité, l'Ouverture et la Conscience, pour décrire la structure de la personnalité (Digman, 1990 ; Goldberg, 1990). Le Névrosisme reflète l'instabilité émotionnelle, et la propension à éprouver des affects négatifs et de l'anxiété. L'Extraversion évalue les compétences sociales, l'assurance dans les situations relationnelles et les affects positifs. L'Agréabilité rend compte de l'altruisme et des capacités interpersonnelles, alors que l'Ouverture mesure la curiosité, l'attrait pour l'innovation et le rejet du dogmatisme. Enfin, la Conscience reflète les capacités de planification, d'organisation et d'exécution d'une tâche.

L'instrument utilisé est une version abrégée du NEO-PI-R (Costa & McCrae, 1988 ; 1992), soit le NEO-FFI-R (McCrae & Costa, 2003). Pour constituer ce questionnaire, les auteurs ont retenu 60 items parmi les 240 de la version originale, soit 12 items par échelle. Le NEO-FFI-R, qui présente l'avantage d'une passation plus rapide, garde pourtant des qualités psychométriques éprouvées (Aluja, Garcia, Rossier & Garcia, 2005). La fidélité test-retest de l'instrument est élevée, allant de 0.86 à 0.90 pour les cinq échelles constitutives (Robins, Fraley, Roberts & Trzesniewski, 2001), et l'homogénéité interne des échelles oscille entre 0.68 et 0.86 (Costa & McCrae, 1992). Cet instrument, qui a été traduit dans différentes langues, constitue une des mesures les plus utilisées du modèle à cinq facteurs (Pytlik, Zillig, Hemenover & Dienstbier, 2002).

Concernant le mode de passation, le questionnaire utilise une échelle de Likert en cinq points qui évalue le degré d'accord (de «Fortement en désaccord» à «Fortement en accord») des sujets face à des styles de conduite habituels :

– Névrosisme : Je me sens souvent tendu (e) et nerveux (se).
– Extraversion : J'essaie d'éviter les foules.
– Agréabilité : Si quelqu'un provoque une bagarre, je suis prêt (e) à riposter.

– Ouverture : J'aurais du mal à laisser simplement mon esprit vagabonder sans contrôle ni direction.
– Conscience : Je travaille dur pour atteindre mes objectifs.

3.3. Caractéristiques psychosociales du travail

L'instrument utilisé est l'adaptation française du *Job Content Questionnaire* (Karasek, 1985 ; Brisson & Vézina, 1998). Ce questionnaire, qui vise à évaluer les contraintes psychosociales au travail, comporte 18 items qui mesurent deux échelles différentes. La première échelle, celle de Demande Psychologique, comprend neuf items et mesure le niveau d'exigences du travail, en termes de charge mentale (« Mon travail exige de travailler très fort mentalement »), de quantité de travail (« On ne me demande pas de faire une quantité excessive de travail »), de rythme (« Mon travail exige d'aller très vite ») et de contraintes temporelles (« J'ai suffisamment de temps pour faire mon travail »). L'échelle de Latitude décisionnelle quant à elle évalue le niveau d'autonomie dont dispose le travailleur et se divise en deux sous-échelles : celle de « Contrôle sur la tâche » (*Decision Authority*, 3 items) qui traduit la liberté de décider de la façon de réaliser un travail (« Mon travail permet de prendre des décisions de façon autonome »), et celle de « l'Utilisation des qualifications » (*Skill Discretion*, 6 items) qui rend compte du niveau de créativité requise et des opportunités d'exploiter les compétences et habiletés personnelles (« Dans mon travail, je dois faire preuve de créativité » « Au travail, j'ai la possibilité de développer mes habiletés personnelles »). Les répondants doivent utiliser une échelle en quatre points (de « fortement en désaccord » à « fortement d'accord ») pour exprimer leur degré d'accord avec les affirmations qui leur sont soumises. Cet instrument a fait l'objet de plusieurs études de validation et présente des qualités psychométriques satisfaisantes (Brisson et al., 1998 ; Larocque, Brisson et Blanchette, 1998 ; Karasek et al., 1998).

3.4. Stress perçu

Selon l'approche transactionnelle de Lazarus et Folkman (Lazarus & Folkman, 1984 ; Folkman et al., 1986a ; 1986b ; Lazarus, 1966), l'évaluation secondaire *(secondary appraisal)* consiste en l'évaluation par la personne de ses ressources pour faire face à la situation stressante. Nous avons approché cette phase d'évaluation secondaire en mesurant l'intensité du sentiment chez la personne de ne pas pouvoir faire face aux exigences de la situation professionnelle. Pour ce faire, l'échelle Perceived Stress Scale (PSS, Cohen, Kamark & Mermelstein, 1983) a été utilisé. Le PSS mesure le degré d'occurrence de situations de la vie quotidienne qui sont évaluées comme étant génératrices de stress. Nous avons utilisé la version française de cet instrument (Rolland, 1991), dont la consigne originale a été réadaptée pour centrer les sujets sur les situations professionnelles. Plus précisément, les 14 items de l'inventaire sont conçus pour rendre compte de caractéristiques telles que la difficulté à prévoir et contrôler ces situations, ou encore la charge qu'elles représentent pour le sujet. Voici quelques exemples d'items :

- « Avez-vous été extrêmement contrarié(e) parce que vous avez été subitement confronté(e) à un événement inattendu et imprévisible ? »
- « Avez-vous eu le sentiment de n'avoir aucune prise, aucun contrôle, sur des aspects importants de votre activité professionnelle ? »
- « Avez-vous eu le sentiment que vous ne pourriez pas venir à bout de tout ce que vous aviez à faire ? »

Concernant le mode de réponse, les participants sont invités à utiliser une échelle de Likert en cinq points (de « Jamais » à « Très souvent ») pour exprimer à quelle fréquence ils ont vécu chacune des situations présentées sur une période d'un mois.

3.5. Style de coping

Dans le modèle de Lazarus & Folkman (Lazarus & Folkman, 1984 ; Folkman et al., 1986a, 1986b ; Lazarus, 1966), des stratégies de coping *(ajustement)* sont mises en place après les deux phases d'évaluation *(primary and secondary appraisal)*. Les études montrent que ces stratégies se basent sur des modes habituels ou généraux de réactions aux situations stressantes, ou styles de coping (Lazarus, 1995 ; Endler & Parker, 1990 ; 1992). Le style de coping est évalué avec l'inventaire *Coping Inventory for Stressful Situations* (CISS) (Endler & Parker, 1990 ; Endler, Parker & Rolland, 1998). Le CISS est une mesure multidimensionnelle des styles de coping selon trois catégories : orientation vers la tâche *(Task oriented)*, vers l'émotion

(Emotion oriented) ou l'évitement *(Avoidance)*. Les 48 items du questionnaire sont donc répartis sur trois échelles et décrivent des comportements d'ajustement qui peuvent amener le sujet à se centrer sur la tâche, se centrer sur ses émotions, ou faire appel à des conduites d'évitement, dans sa tentative de faire face aux situations stressantes. Les trois échelles, qui correspondent aux styles d'ajustement décrits plus haut, sont dénommés Tâche (T), Emotion (E) et Evitement (A, de l'anglais *Avoidance*) et regroupent chacune 16 items. De plus, l'échelle A est subdivisée en deux sous-échelles : Diversion Sociale (SD) et Distraction (D). Ces deux sous-échelles correspondent aux différentes manières d'éviter une situation stressante, soit en allant à le rencontre d'autres personnes (SD, 5 items), soit en s'investissant dans une activité de substitution (D, 8 items). Les trois items restants pour l'échelle A ne sont pas comptabilisés dans ces sous-échelles. Les items décrivent des comportements typiques qui peuvent rentrer dans l'un ou l'autre des catégories globales d'ajustement :

– Centré sur les émotions, par exemple : « Me reprocher de m'être mis(e) dans une telle situation », « Me sentir anxieux (se) de ne pas pouvoir surmonter la situation ».
– Centré sur la tâche, par exemple : « M'efforcer d'analyser la situation », « me centrer sur le problème et voir comment je peux le résoudre ».
– Evitement, par exemple : « Aller à une soirée, à une fête chez des amis », « trouver un moyen pour ne plus y penser ».

Il est demandé aux participants d'utiliser une échelle de Likert en cinq points (de 1 = Pas du tout à 5 = Beaucoup, en passant par des réponses intermédiaires 2, 3 et 4) pour décrire leurs réactions habituelles lorsqu'ils ont des soucis professionnels ou se trouvent dans des moments de stress important. Selon Endler, Parker et Rolland (1998), les comportements de centration sur les émotions ont un effet « défavorable », et les comportements de centration sur la tâche ont un effet « favorable » sur l'ajustement.

3.6. Emotions

Diener, Smith et Fujita (1995) proposent une mesure des émotions qui tient compte de deux catégories globales, en termes d'affects positifs et négatifs, mais également de six catégories d'émotions discrètes de base, soient la joie, l'amour, la colère, la peur, la tristesse et la honte. Dans cette recherche, nous utilisons l'adaptation française de cette mesure: l'inventaire d'Emotionnalité Positive et Négative (E.N.P.) (Rolland, 2003). L'E.N.P. évalue six émotions de base: la Joie, l'Amour, la Colère, la Peur, la Tristesse et la Honte, auxquelles il rajoute une septième dimension qui concerne la Surprise. Il est demandé aux répondants d'indiquer la fréquence à la quelle ils ont ressenti chaque émotion pendant le mois écoulé. Dans ce questionnaire, la consigne a été réadaptée afin d'évaluer les émotions vécues au travail. La modalité de réponse est une échelle en sept points, allant de «Jamais» à «Plusieurs fois par jour». L'E.N.P. (Rolland & De Fruyt, 2003) contient 31 items qui représentent des émotions ou affects séparés. L'instrument contient trois échelles globales, soient une échelle d'émotions positives (10 items), une échelle d'émotions négatives (18 items) et une échelle de Surprise (3 items). L'échelle d'émotions négatives contient 4 sous-échelles pour chaque émotion négative de base dont nous avons tenu compte dans cette étude. Ces sous-échelles sont la Colère (4 items), la Peur (4 items), la Tristesse (4 items) et la Honte (6 items). Les items relatifs sont:

- Colère: colère, dégoût, fureur, irritation
- Peur: peur, inquiétude, anxiété, nervosité
- Tristesse: tristesse, découragement, solitude, chagrin,
- Honte: honte, confusion, culpabilité, embarras, humiliation, regret

L'échelle d'émotions positives contient deux sous-échelles pour les émotions positives de base, soient l'amour (5 items) et la joie (5 items). Les items constitutifs de ces sous-échelles sont:

- Amour: amour, affection, bienveillance, sympathie, tendresse
- Joie: bonheur, fierté, joie, plaisir, satisfaction

L'échelle de Surprise contient les items suivants:

- Surprise: surprise, étonnement, stupéfaction

La structure factorielle de cet instrument, ainsi que la cohérence interne des échelles sont satisfaisants (Diener et al., 1995; Smits, De Boeck, Kuppens & Van Mechelen, 2002).

3.7. Satisfaction de la vie

Le bien-être subjectif est un indicateur essentiel dans l'étude de la qualité de vie (Campbell, 1981; Andrews & Robinson, 1991; Diener & Larsen, 1993). Le bien-être subjectif retraduit l'évaluation multidimensionnelle que fait la personne de sa vie, et qui comprend aussi bien un jugement cognitif en terme de satisfaction de vie, qu'une évaluation affective des humeurs et émotions (Diener & Larsen, 1993). Dès lors, le bien-être subjectif peut être conceptualisé comme «[…] un état passager comme l'humeur et les sentiments actuels d'un individu, aussi bien qu'en tant qu'un trait durable, comme le niveau moyen d'humeur ou la fréquence des affects positifs et négatifs dans une période donnée […]» (Eid & Diener, 2004, p. 245). D'une manière générale, les différents travaux ont conduit à l'identification de deux composantes principales du bien-être subjectif. Une composante affective, qui est généralement subdivisée en termes d'affects positifs et négatifs (Diener, 1994), et une composante cognitive, que l'on dénomme satisfaction de la vie (Andrews & Withey, 1976).

Le *Satisfaction With Life Scale* (SWLS; Diener, Emmons, Larsen, & Griffin, 1985; Pavot & Diener, 1993) est un indicateur développé pour l'évaluation de la satisfaction de vie générale. En effet, cet instrument ne focalise pas sur la satisfaction dans des domaines spécifiques et séparées de la vie (par exemple: santé, finances, …), mais laisse la liberté au sujet d'intégrer et d'évaluer ces domaines à leur convenance. Il s'agit d'une mesure qui évalue le niveau d'accord des sujets avec chacune des affirmations exprimées par les 5 items (par exemple: «Pour la plupart de ses aspects, ma vie est proche de mon idéal.»), sur une échelle en 7 points (de 1 = Fort désaccord à 7 = Fortement d'accord). Les scores à chaque item sont additionnés pour obtenir le score total de satisfaction de la vie. Cet instrument présente des qualités psychométriques satisfaisantes, notamment en ce qui concerne la cohérence interne (.87) et la fidélité test-retest (.82) évaluée sur une période de deux mois (Diener et al., 1985).

3.8. Satisfaction professionnelle

Selon Spector (1997), la satisfaction professionnelle est simplement une mesure du degré auquel les gens aiment leur travail. L'évaluation de la satisfaction professionnelle à une portée double. D'abord, en ce qui concerne les employés, la satisfaction professionnelle a un impact important sur le bien-être subjectif (Judge & Hulin, 1993) et sur le niveau de satisfaction de vie (Judge & Watanabe, 1993). D'autre part, à travers le comportement des employés, elle influence également le fonctionnement et l'efficacité des organisations (Spector, 1997). Dès lors, en raison de sa contribution importante à la santé des organisations, la satisfaction professionnelle est une des variables les plus étudiées dans le domaine de la psychologie du travail et des organisations (Stone-Romero, 1994; Spector, 1997).

L'instrument utilisé est l'adaptation française (Rolland, 1995) de la version brève du Minnesota Satisfaction Questionnaire (MSQ) (Weiss et al., 1967). Selon Spector (1997), le MSQ est un instrument de mesure multidimensionnelle parmi les plus utilisés dans les recherches sur la satisfaction professionnelle. En effet, la satisfaction professionnelle a été opérationnalisée soit comme un concept unique et global, soit comme un concept multidimensionnel (Hirschfeld, 2000). Un des avantages d'une mesure multidimensionnelle est qu'elle permet une mise en lien différenciée et précise des différentes composantes extraites avec d'autres variables. Le questionnaire utilisé se base donc sur un modèle multi-facettes de la satisfaction, puisque, outre l'obtention d'un score global de satisfaction *(Overall Job Satisfaction)*, il permet d'en évaluer deux composantes distinctes: la satisfaction intrinsèque et extrinsèque. La composante intrinsèque, constituée de 11 items, reflète le sentiment des sujets quant à la nature des tâches professionnelles dont ils s'acquittent et leur satisfaction quant aux opportunités qu'offre leur travail. Typiquement, les items de cette composante évaluent la possibilité pour les personnes d'être réellement actives, de réaliser un travail seule, de se rendre utile ou d'utiliser leurs compétences et aptitudes. La composante extrinsèque, qui regroupe 7 items vise différents aspects de la situation professionnelle, notamment les conditions d'engagement et la sécurité de l'emploi, le soutien de la part des supérieurs ou l'attitude de la direction. Deux items, qui ne sont assignés à aucune des sous-échelles, évaluent la satisfaction générale en explorant les conditions générales de travail et la qualité des relations entre collègues. Pour chaque item, il est demandé aux sujets d'exprimer leur sentiment de satisfaction quant aux différents aspects de leur travail en utilisant une échelle en cinq points (de «Tout à fait satisfaisant» à «Pas du tout satisfaisant»). La cohérence interne de l'instrument a été estimée à .90, alors que la fidélité test-retest a été estimée à .89 sur une durée d'une semaine, et à .70 sur une durée d'une année (Weiss et al., 1967).

De nombreuses recherches ont étudié la validité discriminante des deux composantes du MSQ. Une méta-analyse conduite par Brown (1996) montre que la satisfaction intrinsèque est plus fortement corrélée à l'implication professionnelle que la satisfaction extrinsèque. Moorman (1993) suggère que la composante intrinsèque a un ancrage affectif, alors que ce n'est pas le cas pour la composante extrinsèque. Enfin, l'influence des facteurs génétiques semble être plus importante pour la satisfaction intrinsèque que pour la satisfaction extrinsèque (Bouchard, 1997).

VIII. Analyse des résultats

1. Personnalité

1.1. Validité interne du NEO-FFI-R

Pour mettre à l'épreuve la validité interne du questionnaire NEO-FFI-R, nous avons procédé à deux types d'analyses afin de vérifier successivement l'adéquation des items et des échelles de ce questionnaire. Nous avons tout d'abord effectué une analyse d'items où nous avons vérifié la distribution des réponses aux différents items, les corrélations entre questions et échelles, ainsi que l'homogénéité interne des échelles à l'aide de l'alpha de Cronbach. Ensuite, nous avons étudié la structure du questionnaire, effectuant une analyse factorielle sur les 60 items, de manière à vérifier les corrélations entre les facteurs et les échelles hypothétiques avancées par les auteurs. En ce qui concerne l'homogénéité interne des 5 échelles de cet instrument, les analyses montrent des indices satisfaisants. En effet, sur l'ensemble de l'échantillon, nous trouvons des coefficients alpha de Cronbach allant de .63 à .85 (.85 pour N ; .75 pour E ; .67 pour O ; .63 pour A ; .83 pour C).

Tableau 4: Corrélations entre facteurs et échelles du NEO-FFI-R (n = 236)
Les corrélations supérieures à | .50 | sont en gras

	Facteurs				
	I	II	III	IV	V
Névrosisme	**.96**	-.15	-.07	.07	-.11
Extraversion	-.26	.31	**.86**	-.01	-.02
Ouverture	.15	-.06	.10	**.85**	.06
Agréabilité	-.14	-.04	.21	.35	**.67**
Conscience	-.22	**.90**	.02	-.11	.25

Pour appréhender la structure du NEO-FFI-R, nous avons effectué une analyse factorielle en composantes principales avec rotation varimax sur les 60 items de l'instrument. L'application du critère de Kaiser permet de retenir 5 facteurs qui expliquent 36.66% de la variance. Ces facteurs sont ensuite comparés avec les échelles *a priori* du questionnaire. L'étude des corrélations entre facteurs et échelles permet de confirmer l'adéquation de la structure factorielle de l'instrument (cf. tableau 4).

1.2. Les groupes professionnels

Le tableau 5 synthétise les statistiques descriptives par groupe professionnel, notamment les scores moyens, les écarts-type, les coefficients alpha de Cronbach, ainsi que la kurtose (valeur de voussure) et la valeur de symétrie *(skewness)*.

Tableau 5: Statistiques descriptives par groupe professionnel

	α	M	SD	K	S
SSI-VD					
Névrosisme	0.81	17.87	6.40	-.28	-.07
Extraversion	0.62	32.07	5.37	.14	.18
Ouverture	0.74	26.75	5.74	.00	.53
Agréabilité	0.59	31.47	4.53	-.36	-.27
Conscience	0.68	35.89	4.81	-.23	.14
SIS-GE					
Névrosisme	0.78	20.08	6.42	.25	.39
Extraversion	0.49	31.80	5.66	-.62	.34
Ouverture	0.71	28.75	5.61	.52	-.61
Agréabilité	0.59	31.11	4.72	-.40	-.15
Conscience	0.66	34.86	4.90	.80	-.42
EERV					
Névrosisme	0.87	21.58	8.22	-.20	.24
Extraversion	0.64	30.35	5.65	-.17	.19
Ouverture	0.59	32.80	7.09	11.16	1.67
Agréabilité	0.64	33.35	4.85	-.16	.02
Conscience	0.71	32.06	6.49	.19	-.35

Note: SSI-VD = Service de Secours et d'Incendie – Vaud ; SIS-GE = Service d'Incendie et de Secours – Genève ; EERV = Eglise Evangélique Réformée du canton de Vaud

Les scores de normalité (K et S) permettent de constater une anomalie au niveau de la distribution normale de la dimension d'Ouverture chez les pasteurs. En étudiant la courbe de distribution de cette dimension, nous constatons que cette anomalie est due à un sujet extrême qui obtient un score très élevé (79).

Une série d'analyses de variance nous a permis de comparer les scores moyens des trois groupes professionnels aux dimensions de notre modèle, et ainsi vérifier s'il existe des différences significatives entre ces groupes au niveau de la personnalité. Le tableau 6 présente les résultats de ces analyses de variance. Nous avons également estimé la taille de l'effet à l'aide de l'indice êta carré partiel (partial eta squared, η^2), ainsi que la puissance du test statistique à l'aide de l'indice Φ. La puissance du test nous indique la probabilité de rejeter à juste titre l'hypothèse nulle et de conclure que le phénomène observé (ici une différence) existe bel et bien (Cohen, 1988). Pour interpréter la force des valeurs η^2, nous nous référons aux seuils proposés par Cohen (1988), qui estime qu'un η^2 de .01 correspond à un indice de taille de l'effet (f) de .10, ce qui indique un effet de petite taille, un de .06 correspond à un f de .25, qui traduit un effet de taille moyenne, et qu'un η^2 de .14 correspond à un f de .40, ce qui indique un effet de grande taille (Small, Medium and Large effect sizes).

Tableau 6: ANOVAs évaluant les différences entre les groupes pour le NEO-FFI-R

	df	F	p	Φ	η^2
Névrosisme	2, 249	5.11	.007	.82	.04
Extraversion	2, 249	2.53	.081	.50	.02
Ouverture	2, 249	20.14	<.001	1.00	.14
Agréabilité	2, 249	5.67	.004	.86	.04
Conscience	2, 249	10.51	<.001	.99	.08

Nous relevons une différence significative entre les groupes pour quatre des cinq dimensions, soient le Névrosisme, l'Ouverture, l'Agréabilité et la Conscience. Pour ce qui est de la dimension de Névrosisme (N), nous constatons des différences entre les trois groupes (voir tableau 6). En effet, les pasteurs ($M = 21.58$; $SD = 8.22$) et les pompiers genevois ($M = 20.09$; $SD = 6.42$) ont un score plus élevé que les pompiers vaudois ($M = 17.87$; $SD = 6.40$). Des tests post hoc (Bonferroni) nous ont permis de comparer les groupes entre eux. Nous constatons en effet une différence significative entre les pompiers vaudois et les pasteurs ($p < .05$), mais pas entre les pompiers genevois et les pasteurs, ni entre les deux groupes de pompiers.

Une grande différence est à relever en ce qui concerne la dimension d'Ouverture, $F (2, 249) = 20.14$; $p < .001$. L'indice relève une grande taille de l'effet et la puissance du test nous laisse supposer que la différence observée peut être prise en compte sans beaucoup de probabilité de se tromper. En effet, les pasteurs ($M = 32.80$; $SD = 7.10$) ont un score sensiblement plus élevé que les pompiers vaudois ($M = 26.75$; $SD = 5.74$) et les pompiers genevois ($M = 28.75$; $SD = 5.61$). Les tests post hoc confirment ces différences entre les pasteurs et les pompiers vaudois ($MD = 6.05$; $p < .001$) et entre les pasteurs et les pompiers genevois ($MD = 4.04$; $p = .001$). Par contre les deux groupes de pompiers ne présentent pas de différence significative sur cette dimension.

En ce qui concerne la dimension d'Agréabilité (A), les pasteurs ($M = 33.35$; $SD = 4.85$) ont un score plus élevé que les deux autres groupes professionnels, alors que la différence entre les pompiers vaudois ($M = 31.47$; $SD = 4.53$) et les pompiers genevois ($M = 31.11$; $SD = 4.73$) semble minime. Les tests post hoc confirment les différences entre les pasteurs et les pompiers vaudois ($MD = 1.88$; $p = .03$), ainsi qu'entre les pasteurs et les pompiers genevois ($MD = 2.24$; $p = .02$). Encore une fois, nous ne relevons pas de différence significative entre les deux groupes de pompiers.

Pour la dimension de Conscience (C), nous constatons que le personnel de l'EERV obtient un score moins élevé que ceux du SSI-VD et du SIS-GE. Les test post hoc nous montrent des différences significatives entre les pasteurs et les pompiers vaudois ($MD = -3.84$; $p < .001$) ainsi qu'entre les pasteurs et les pompiers genevois ($MD = - 2.80$; $p = .01$).

1.3. Les variables sociodémographiques

Nous avons vu que la population de pasteurs présentait des caractéristiques sensiblement différentes des deux autres groupes professionnels en ce qui concerne les variables sociodémographiques « sexe » et « age ». En effet, le groupe de pasteurs présente une moyenne d'âge plus élevée ($M = 46.4$, $SD = 8.64$) et comprend plus de femmes (34.2% de femmes, contre 3.8% et 4.3% pour les deux autres groupes). Nous avons dès lors cherché à contrôler ces deux variables afin de déterminer leur influence sur les différences constatées au niveau du profil de personnalité de nos groupes professionnels. L'interaction entre les scores aux différentes échelles du NEO-FFI-R et les variables considérées pour caractériser notre population est évaluée par la corrélation bisérielle pour l'âge, le sexe et l'ancienneté professionnelle.

1.3.1. L'âge

Les résultats des analyses de corrélations mettent en évidence des corrélations négatives entre l'âge et les dimensions Extraversion ($r = -.14$; $p = .03$) et Conscience ($r = -.20$; $p = .002$), et des corrélations positives entre l'âge et la dimension Ouverture ($r = .16$; $p = .01$). Ces résultats peuvent expliquer une partie des différences au niveau du profil de personnalité. Nous avions en effet constaté que les pasteurs avaient en moyenne un score plus bas en C et plus élevé en O. Nous avons effectué une analyse de variance pour chacune des dimensions Conscience et Ouverture, en considérant la variable «groupe professionnel» comme facteur et la variable «âge» comme covariance. Nous constatons que pour les deux dimensions, l'effet du groupe professionnel est inférieur à celui obtenu dans nos ANOVAs précédentes (cf. tableau 6), mais que l'effet est maintenu pour C, $F (2, 244) = 6.57$; $p = .002$, comme pour O, $F (2, 244) = 13.83$; $p < .001$.

1.3.2. Le sexe

Les analyses de corrélations montrent des corrélations significatives entre la variable sexe et les dimensions O ($r = .29$, $p < .001$) et A ($r = .14$, $p = .02$). Nous avons également contrôlé l'effet de la variable «sexe» en calculant les moyennes séparées pour les hommes et les femmes sur les cinq dimensions de notre modèle. Les ANOVA mettent en évidence des différences significatives entre les hommes et les femmes en ce qui concerne le facteur O, $F (1, 242) = 22.34$; $p < .001$, et le facteur A, $F (1, 242) = 5.138$; $p = .02$. Les femmes ont en moyenne un score plus élevé que les hommes sur ces deux dimensions. Or, nous pouvons nous demander dans quelle mesure la grande proportion de femmes dans le groupe des pasteurs est à l'origine des scores plus élevés obtenu par ce groupe aux dimensions O et A. Pour répondre à cette question, nous avons isolé les sujets masculins de notre échantillon, puis effectué une nouvelle comparaison des trois groupes pour les dimensions O et A. Cette nouvelle analyse de variance montre qu'une différence significative subsiste quant à la dimension O, *F* (2, 187) = 9.09, *p* <. 001. De plus, les tests post hoc (Bonferroni) confirment que cette différence se situe entre les pasteurs et les deux autres groupes. Par contre, en ne considérant que les sujets masculins de l'échantillon, nous ne constatons plus de différence intergroupe en ce qui concerne la dimension A, *F* (2, 187) = 2.55, *p* = .08. Nous remarquons dès lors que la dimension d'agréabilité est fortement influencée par le sexe.

1.3.3. *L'ancienneté professionnelle*

En ce qui concerne l'interaction entre l'ancienneté professionnelle et la structure de la personnalité, aucune corrélation significative n'est à relever.

2. Les caractéristiques professionnelles

2.1. *Validité interne du JCQ*

Concernant l'homogénéité interne des 2 échelles de l'instrument, nous trouvons des coefficients alpha de Cronbach satisfaisants, soit de .62 pour la dimension de Demande Psychologique (DP) et de .75 pour la dimension de Latitude Décisionnelle (LD). En ce qui concerne les deux sous-échelles de la seconde dimension (utilisation des qualifications (Uq) et contrôle sur la tâche (Ct)), les coefficients sont respectivement de .67 et de .74. Une analyse factorielle en composantes principales avec rotation varimax sur les 18 items du JCQ nous a permis d'extraire deux facteurs qui expliquent 32.68% de la variance totale. Ces facteurs corrèlent à .95 et .97 avec les échelles *a priori* de l'instrument (cf. tableau 7).

Tableau 7: Corrélations entre facteurs extraits et échelles théoriques du JCQ

	Facteurs		*Echelles*	
	I	II	DP	LD
Demande Psychologique (DP)	-.06	**.95**	1.00	
Latitude Décisionnelle (LD)	**.97**	-.007	-.01	1.00

Nous avons également réalisé une analyse factorielle de la dimension LD, afin d'extraire deux facteurs qui expliquent 51.60% de l'ensemble de la variance. Nous les avons ensuite comparés aux sous-échelles théoriques de cette dimension et les corrélations correspondantes s'élèvent à .90 et à .96 (cf. tableau 8).

Tableau 8: Corrélations entre facteurs extraits et sous-échelles théoriques du JCQ

	Facteurs		*Sous-échelles*	
	I	II	Uq	Ct
Utilisation des qualifications (Uq)	.4	**.90**	1.00	
Contrôle sur la tâche (Ct)	**.96**	.06	.4	1.00

2.2. *Les groupes professionnels*

Tableau 9: statistiques descriptives des résultats du JCQ par groupe professionnel

	α	M	SD	K	S
SSI-VD					
DP	.51	24.14	2.70	1.23	.60
LD	.75	70.73	9.36	-.46	-.14
Uq	.75	39.50	5.12	4.76	-1.53
Ct	.78	31.07	6.65	.70	-.33
SIS-GE					
DP	.60	24.91	3.02	-.49	.17
LD	.71	72.91	7.39	-.24	-.45
Uq	.76	40.09	4.64	-.46	-.75
Ct	.44	32.87	4.76	-.48	-.19
EERV					
DP	.69	25.38	3.29	.49	.34
LD	.76	77.26	8.99	.40	-.54
Uq	.62	40.49	3.99	2.25	-.76
Ct	.77	36.74	6.25	.15	-.19

Note: SSI-VD = Service de Secours et d'Incendie – Vaud ; SIS-GE = Service d'Incendie et de Secours – Genève ; EERV = Eglise Evangélique Réformée du canton de Vaud

Le tableau 9 présente les statistiques descriptives des trois groupes professionnels pour les deux échelles et les deux sous-échelles du questionnaire

JCQ, notamment les moyennes, les écarts-types, les coefficients de Cronbach et les valeurs de normalité (kurtose et symétrie). Nous avons également effectué des analyses de variance afin de vérifier l'existence de différences sur les échelles et les sous-échelles de cet instrument parmi les trois groupes professionnels.

Les résultats des ANOVAs montrent effectivement des différences pour l'échelle DP, $F(2, 243) = 3.18$; $p = .04$, et l'échelle LD, $F(2, 245) = 12.10$, $p < .001$, ainsi que pour la sous-échelle Ct, $F(2, 245) = 20.11$; $p < .001$. Notons que cette dernière différence est caractérisée par un effet de taille importante ($\eta^2 = .14$). Les tests post hoc montrent que les pasteurs perçoivent en moyenne une plus grande charge psychologique due au travail que les pompiers vaudois ($p = .04$). Néanmoins, les pasteurs estiment qu'ils bénéficient dans leur travail d'une plus grande autonomie décisionnelle (LD) que les deux groupes de pompiers, cette différence étant assez importante ($MD = 6.53$; $p < .001$; $MD = 4.35$; $p = .01$). Cette différence provient principalement du paramètre «contrôle sur la tâche» ($MD = 5.67$, $p < .001$; $MD = 3.88$; $p = .001$). L'ensemble des résultats des ANOVAs est présenté dans le tableau 10.

Tableau 10: ANOVAs évaluant les différnces entre les groupes professionnels pour le JCQ

	df	F	p	Φ	η^2
Demande Psychologique (DP)	1, 238	3.18	.04	.60	.03
Latitude Décisionnelle (LD)	1, 233	12.10	<.001	.99	.09
Utilisation des qualifications (Uq)	1, 233	.99	.37	.22	.01
Contrôle sur la tâche (Ct)	1, 239	20.11	<.001	1.00	.14

2.3. Les variables sociodémographiques

2.3.1. L'âge

L'analyse des corrélations ne met en évidence qu'une seule corrélation significative, et ce entre la variable âge et la sous-échelle Ct ($r = .22$; $p = .003$). Les sujets plus âgés semblent percevoir plus de contrôle sur les tâches qu'ils effectuent. En tenant compte de l'influence de l'âge sur le paramètre Ct, et sachant que la moyenne d'âge des pasteurs est plus élevée que celle des pompiers, on peut dès lors questionner la différence concernant ce paramètre entre les pasteurs et les deux autres groupes. Une AN-COVA permet de contrôler l'effet de l'âge sur Ct et montre que l'influence de l'appartenance à un groupe professionnel est maintenue, même si elle est moins importante, F (3, 184) = 5.48; p = .005.

2.3.2. Le sexe

Nous avons effectué une analyse de variance qui montre que les sujets masculins et les sujets féminins de l'échantillon se différencient significativement quant à leurs scores à l'échelle LD, F (1, 233) = 7.15; p = .008, et à la sous-échelle Ct, F (1, 239) = 10.26; p = .002. Une analyse de variance à deux facteurs (sexe et groupe professionnel) permet de dégager une interaction significative entre le groupe professionnel et le sexe en ce qui concerne la perception de la latitude décisionnelle, F (2, 235) = 6.59; p = .002, et du contrôle sur la tâche, F (2, 241) = 6.23; p = .002. Comparées aux hommes, les femmes semblent considérer qu'elles bénéficient d'une plus grande autonomie dans leur travail et qu'elles ont plus de contrôle sur les tâches qu'elles effectuent. Nous pouvons expliquer cela par le fait que la majorité des femmes de notre population appartiennent au groupe des pasteurs, et comme nous l'avons vu précédemment, ce groupe a des scores plus élevés sur les deux dimensions citées. Afin de contrôler l'influence du sexe sur la perception du stress, nous avons isolé tous les sujets masculins de notre échantillon, puis réalisé une nouvelle analyse de variance des résultats du *Job Content Questionnaire* (JCQ). Les résultats de cette nouvelle analyse confirment les différences trouvées auparavant, à savoir que les pasteurs rapportent une plus grande charge psychologique due au travail que les pompiers vaudois (p = .006). Il est intéressant de noter que cette différence est même supérieure à celle trouvée pour les groupes où les deux sexes étaient représentés, ce qui montre que les membres masculins de l'EERV déclarent subir une plus grande charge psychologique que leurs collègues féminins. En ce qui concerne la sous-échelle Ct, la différence entre les pasteurs et les deux groupes de pompiers reste significative (respectivement p > .001 et p = .03), mais elle est moins importante que lorsque l'on considère les femmes de l'échantillon. Nous avions en effet remarqué que les femmes estiment bénéficier de plus de contrôle sur les tâches qu'elles ont à effectuer que leurs collègues masculins.

2.3.3. L'ancienneté professionnelle

Les résultats des analyse de corrélations mettent en évidence une corrélation négative entre l'ancienneté et la sous-échelle Uq ($r = -.14$; $p = .04$). Cette corrélation est faible, mais permet de spéculer sur un éventuel effet de plafond de l'utilisation des qualifications. En effet, on peut expliquer cette interaction par le fait que, avec l'ancienneté et l'accumulation de l'expérience professionnelle, nos sujets se sentent de plus en plus qualifiés et compétents, mais estiment que leur travail manque de variété et qu'ils ne peuvent pas exploiter l'ensemble de leurs compétences à leur juste valeur. En contrôlant l'effet de la variable « ancienneté » sur la sous-échelle Uq, nous constatons qu'il n'y a pas de différence significative entre les groupes pour cette sous-échelle.

3. Stress perçu

3.1. Validité interne du PSS

Au niveau de l'homogénéité interne de l'instrument, l'analyse de fiabilité montre un alpha de Cronbach de .87. Cet indice semble satisfaisant au vu des coefficients énoncés dans la littérature. En effet, dans une étude de validation menée sur trois échantillons différents (N = 332, 114 et 64), les auteurs trouvent des alpha de Cronbach de .84, .85 et .86 (Cohen, Kamarck & Mermelstein, 1983).

3.2. Les groupes professionnels

Le tableau 11 résume les statistiques descriptives du stress perçu réparties par groupe professionnel. Nous pouvons remarquer que le score moyen des pasteurs au PSS est sensiblement supérieur à ceux des deux groupes de pompiers.

Tableau 11: statistiques descriptives des résultats du PSS par groupe professionnel

	α	M	SD	K	S
SSI-VD					
PSS	.85	17.36	7.04	-.58	-.18
SIS-GE					
PSS	.82	17.78	6.28	-.45	-.39
EERV					
PSS	.87	23.63	7.91	1.52	.48

Note: SSI-VD = Service de Secours et d'Incendie – Vaud; SIS-GE = Service d'Incendie et de Secours – Genève; EERV = Eglise Evangélique Réformée du canton de Vaud

Nous avons effectué une série d'analyses de variance dont les résultats mettent en évidence une différence significative entre les groupes professionnels au niveau du stress perçu, $F(2, 246) = 20.31$; $p < .001$. L'indice êta carré partiel ($\square^2 = .14$) montre un effet de taille importante. Les tests post hoc (Bonferroni) confirment des différences significatives entre pasteurs et pompiers vaudois ($p < .001$) et entre pasteurs et pompiers genevois ($p < .001$). Par contre aucune différence n'est à relever entre les deux groupes de pompiers. D'une manière générale, les pasteurs déclarent avoir vécu plus de situations stressantes au travail sur une période d'un mois.

3.3. Les variables sociodémographiques

3.3.1. L'âge

Nous trouvons une corrélation significative entre la variable âge et le niveau de stress perçu ($r = .25$; $p < .001$). Il est intéressant de noter que cette corrélation étant positive, elle va à l'encontre d'une approche intuitive de cette problématique, qui voudrait que la perception du stress diminue avec l'âge et l'augmentation de la maturité. L'analyse de covariance permet de contrôler la variable âge et de mettre en évidence que l'influence du groupe professionnel sur le stress perçu est maintenu, même si elle est moins importante, $F(3, 242) = 12.52$; $p < .001$.

3.3.2. Le sexe

Une analyse de variance montre qu'il n'y a pas de différence significative entre les scores des sujets féminins et ceux des sujets masculins. Nous avons également effectué un test de la moyenne sur l'ensemble de la population, ainsi que pour chaque groupe professionnel. Cette analyse ne permet de dégager aucun lien significatif entre la variable sexe et le niveau de stress perçu.

3.3.3. L'ancienneté professionnelle

Nous trouvons une corrélation significative entre l'ancienneté professionnelle et le niveau de stress perçu ($r = .17$; $p = .009$). Cette corrélation suggère qu'avec le nombre d'années d'exercice professionnel, la perception du stress augmente chez nos sujets. En contrôlant la variable «ancienneté», nous constatons que l'effet du group professionnel sur le niveau de stress perçu est maintenu, $F (3, 241) = 19.09$; $p < .001$.

4. Emotions

4.1. Validité interne de l'inventaire d'Emotionnalité Positive et Négative (E.N.P.)

Au niveau de la cohérence interne des échelles, les analyses de fiabilité montrent des indices alpha de Cronbach de .92 pour l'échelle d'émotions négatives (N), de .89 pour l'échelle d'émotions positives (P), et de .73 pour l'échelle de Surprise (S). Nos indices de fiabilité sont très similaires à ceux de l'auteur de la version française de ce questionnaire. En effet, dans une étude portant sur un échantillon de 1753 sujets, Rolland (1998) trouve de l'alpha de Cronbach de .90 pour N, de .84 pour P et de .73 pour S. Pour mettre à l'épreuve la structure de l'E.N.P., nous avons effectué une analyse factorielle en composantes principales avec rotation varimax sur les 31 items de l'instrument. Nous avons extrait 3 facteurs qui expliquent 52.48% de la variance, puis nous les avons comparés avec les échelles *a priori* de l'inventaire. Les corrélations entre facteurs et échelles nous permettent de confirmer l'adéquation de la structure factorielle de l'instrument (cf. tableau 12). Toutefois nous constatons que l'échelle S est corrélée avec les deux autres échelles, particulièrement avec l'échelle P. Nous pouvons supposer que les émotions de surprise ont une valence plutôt positive.

Tableau 12: Corrélations entre facteurs et échelles de l'E.N.P. (n = 246)
Les corrélations supérieures à | .50 | sont en gras

E.N.P.	Facteurs			Echelles		
	I	II	III	P	N	S
Emotions Positives	.03	**.96**	.24	1.00		
Emotions Négatives	**.98**	.07	.16	.13	1.00	
Surprise	.24	.39	**.73**	**.51**	.37	1.00

Tableau 13: Statistiques descriptives des émotions au travail par groupe professionnel

	α	M	SD	K	S
SSI-VD					
Emotions Positives	0.91	40.84	13.15	.12	.63
Emotions Négatives	0.83	49.65	9.25	-.39	-.11
Surprise	0.66	8.65	2.82	.09	.22
SIS-GE					
Emotions Positives	0.91	43.40	14.62	-.25	.52
Emotions Négatives	0.89	51.12	10.66	-.18	-.59
Surprise	0.69	9.28	3.19	.77	.94
EERV					
Emotions Positives	0.92	54.01	16.78	2.74	1.33
Emotions Négatives	0.91	53.60	10.21	-.01	-.61
Surprise	0.78	9.55	3.38	.39	.72

Note: SSI-VD = Service de Secours et d'Incendie – Vaud; SIS-GE = Service d'Incendie et de Secours – Genève; EERV = Eglise Evangélique Réformée du canton de Vaud

4.2. Les groupes professionnels

Le tableau 13 présente les statistiques descriptives pour chaque échelle, organisées par groupe professionnel. Nous pouvons remarquer que les pasteurs ont un score supérieur aux deux autres groupes sur l'ensemble des échelles du questionnaire. Cette différence semble particulièrement importante en ce qui concerne l'échelle des émotions négatives (N). Une analyse de variance nous a permis de comparer les scores moyens des trois groupes professionnels aux trois échelles et six sous-échelles de l'inventaire, afin de vérifier l'existence de différences significatives entre ces groupes au niveau des émotions vécues au travail.

Tableau 14: ANOVAs évaluant les différences entre les groupes professionnel pour l'E.N.P.

	df	F	p	Φ	η^2
Emotions Positives (P)	2, 232	3.23	.04	.61	.03
Emotions Négatives (N)	2, 239	17.68	<.001	1.00	.13
Surprise (S)	2, 243	1.53	.22	.32	.01
Colère (C)	2, 246	5.00	.007	.81	.04
Peur (P)	2, 244	19.63	<.001	1.00	.14
Tristesse (T)	2, 246	32.02	<.001	1.00	.21
Honte (H)	2, 244	5.84	.003	.87	.05
Amour (A)	2, 235	10.57	<.001	.99	.08
Joie (J)	2, 244	.20	.82	.08	.00

Le tableau 14 présente les résultats de cette analyse de variance. Comme attendu, nous trouvons une différence significative importante au niveau de l'échelle d'émotions négatives, $F (2,239) = 17.68$; $p <.001$. L'indice η^2 met en évidence un effet de grande taille, particulièrement en ce qui concerne les émotions de tristesse et de peur. Afin de préciser les différences entre les groupes professionnels, nous avons effectué des comparaisons multiples en recourant aux tests post hoc (Bonferroni). Ces tests permettent de confirmer que les pasteurs déclarent ressentir des émotions négatives à une fréquence plus élevée que les pompiers vaudois et genevois ($p < .001$). D'autre part, les ANOVAs font ressortir une autre différence significative, quoique de moindre importance, $F (2,232) = 3.23$; $p = .04$, au niveau de l'échelle d'émotions positives, les pasteurs rapportant plus d'émotions positives que les pompiers. Les tests post hoc précisent que cette différence se situe au niveau des émotions d'amour, et qu'elle est plus importante en comparaison avec les pompiers vaudois ($p < .001$) qu'avec leurs homologues genevois ($p = .01$). Toutefois, au vu des indices η^2 correspondants, il apparaît que l'ampleur de ces différences est nettement plus limitée que celles observées au niveau des émotions négatives.

4.3. Les variables sociodémographiques

4.3.1. L'âge

Les résultats des analyses de corrélations mettent en évidence une corrélation positive entre la variable âge et l'échelle N ($r = .16$; $p = .01$), ce qui montre que les sujets âgés déclarent ressentir des émotions négatives avec une fréquence plus élevée. De manière plus précise, ces corrélations concernent les émotions de Peur ($r = .14$; $p = .04$) et de Tristesse ($r = .22$; $p < .001$). Nous avons effectué une analyse de variance covariance (ANCOVA) pour l'échelle N, en considérant la variable âge comme facteur de covariance. En contrôlant la variable âge, nous constatons que l'effet du groupe professionnel sur l'échelle N, même s'il est plus petit, est maintenu, $F(2, 234) = 11.88$; $p < .001$.

4.3.2. Le sexe

Au niveau des trois échelles du questionnaire, une analyse de variance nous montre que la variable sexe ne semble avoir un effet significatif que sur les émotions négatives, $F(1, 232) = 3.99$; $p = .05$. Au niveau des sous-échelles, cet effet peut être constaté en ce qui concerne les émotions de peur, $F(1, 237) = 5.16$; $p = .02$, et de tristesse, $F(1, 239) = 16.387$, $p < .001$. En effet, les femmes déclarent ressentir des émotions de peur et de tristesse avec une plus grande fréquence que les hommes. Nous avons isolé les sujets masculins, afin de vérifier si la différence entre les groupes professionnels est maintenue. Les ANOVAs montrent qu'une différence significative est maintenue pour l'échelle N, $F(1, 234) = 13.86$; $p < .001$, ainsi que pour les sous-échelles P, $F(1, 239) = 15.83$; $p < .001$ et T, $F(1, 241) = 21.42$; $p < .001$.

4.3.3. L'ancienneté professionnelle

L'analyse des corrélations ne montre aucune interaction significative entre l'ancienneté professionnelle et les différentes échelles du questionnaire.

5. Style de coping

5.1. Validité interne du CISS

L'instrument contient trois échelles de base, à savoir Tâche (T), Emotion (E) et Evitement (A), ainsi que deux sous-échelles de la troisième échelle, à savoir Distraction (D) et Diversion Sociale (SD). Nous avons effectué des analyses de fiabilité afin de déterminer le niveau de cohérence pour l'ensemble des échelles et sous-échelles. Ces analyses montrent des indices de cohérence (alpha de Cronbach) élevés qui sont de .88 pour l'échelle T, de .90 pour l'échelle E et de .87 pour l'échelle A. A ce niveau, nous trouvons des indices de fiabilité comparables à ceux de l'auteur de la version française de cet instrument. En effet, dans une étude de validation portant sur un large échantillon (N = 2772), Rolland (1998) met en évidence des alpha de Cronbach de .88 (T), de .87 (E) et de .86 (A). La pertinence du regroupement des items par dimensions a été examinée par le biais d'analyses factorielles exploratoires. Nous avons réalisé une analyse en composantes principales suivies de rotation Varimax. Les trois facteurs ainsi obtenus ont été mis en relation avec les échelles théoriques de l'instrument pour en évaluer la structure factorielle (cf. tableau 15). Les corrélations entre ces facteurs et les échelles de l'instrument vont de .98 à .99 ($p < .001$). Nous avons également fait une analyse factorielle pour l'échelle A. Les deux facteurs obtenus corrèlent à .95 ($p < .001$) avec les sous-échelles D et SD.

Tableau 15: Corrélations entre facteurs et échelles du CISS (n = 246)
Les corrélations supérieures à | .50 | sont en gras

	Facteurs			Echelles		
	I	II	III	T	E	A
Tâche (T)	-.07	.05	**.99**	1.00		
Emotions (E)	**.98**	.12	-.05	-.12	1.00	
Evitement (A)	.08	**.99**	.03	.07	.20	1.00

5.2. Les groupes professionnels

Le tableau 16 synthétise les statistiques descriptives par groupe professionnel, notamment les scores moyens, les écarts-type, les coefficients alpha de Cronbach, ainsi que la valeur de voussure *(Kurtosis)* et la valeur de symétrie *(Skewness)*.

Nous avons effectué une série d'analyses de variance dont les résultats figurent dans le tableau 17. Ces résultats mettent en évidence une seule différence significative au niveau de l'échelle T, $F(2, 243) = 3.58$; $p = .03$, même si l'ampleur de l'effet observé est modérée ($\eta^2 = .03$). Plus particulièrement, les test post hoc montrent que les pasteurs font moins appel aux comportements de coping centrés sur la tâche que les pompiers genevois ($p = .03$). En comparant les pasteurs avec les pompiers vaudois, on constate que même si cette différence est non significative, elle va dans le même sens.

Tableau 16: statistiques descriptives des résultats du CISS par groupe professionnel

	α	M	SD	K	S
SSI-VD					
Tâche (T)	.87	59.07	8.39	.004	.27
Emotions (E)	.93	34.33	12.27	-.34	.65
Evitement (A)	.92	42.09	13.69	-.77	-.01
Distraction (D)	.86	17.98	7.06	-.38	.52
Diversion sociale (SD)	.87	15.38	5.02	-.61	-.38
SIS-GE					
Tâche (T)	.87	61.17	7.88	.04	-.36
Emotions (E)	.90	35.29	11.16	.02	.55
Evitement (A)	.91	43.77	13.35	-.47	.21
Distraction (D)	.90	18.64	7.58	-.38	.51
Diversion sociale (SD)	.75	15.84	4.25	-.50	-.23
EERV					
Tâche (T)	.89	57.30	9.22	.11	-.52
Emotions (E)	.88	38.10	10.55	.23	.48
Evitement (A)	.82	40.68	9.57	-.34	.19
Distraction (D)	.70	17.87	5.26	-.57	.17
Diversion sociale (SD)	.81	15.28	4.34	-.57	-.06

Note: SSI-VD = Service de Secours et d'Incendie – Vaud; SIS-GE = Service d'Incendie et de Secours – Genève; EERV = Eglise Evangélique Réformée du canton de Vaud

Tableau 17: ANOVAs évaluant l'impact du groupe professionnel sur le style de coping (CISS)

	df	F	p	Φ	η^2
Tâche (T)	2, 243	3.58	.03	.66	.03
Emotions (E)	2, 245	2.86	.06	.56	.02
Evitement (A)	2, 243	1.34	.27	'.29	.01
Distraction (D)	2, 245	.27	.76	.09	.002
Diversion sociale (SD)	2, 247	.27	.77	.09	.002

5.3. Les variables sociodémographiques

5.3.1. L'âge

Nous trouvons une faible corrélation entre la variable âge et l'échelle A (r = -.13; p = .04). Ce résultat montre qu'avec l'âge, nos sujets ont moins tendance à recourir à des comportements d'évitement face aux situations stressantes. Nous avons également réalisé une analyse de variance afin de contrôler l'effet de l'âge sur la variable A, et trouvons qu'il n'y a pas d'effet significatif du groupe professionnel sur l'échelle de l'évitement, ce qui était déjà le cas pour l'ensemble de l'échantillon.

5.3.2. Le sexe

Les femmes ont en moyenne un score supérieur à celui des hommes pour l'échelle A, ainsi que pour ses deux sous-échelles. L'ANOVA met en évidence des différences significatives entre les sexes pour l'échelle A, F (1, 236) = 7.86; p = .005, ainsi que pour ses deux sous-échelles D, F (1, 238) = 4.24; p = .041, et SD, F (1, 240) = 14.73; p < .001.

5.3.3. L'ancienneté professionnelle

Les analyses de corrélations ne mettent en évidence aucune corrélation significative entre l'ancienneté professionnelle et le style de coping.

6. Satisfaction de la vie

6.1. Validité interne du SWLS

Le SWLS est une mesure unidimensionnelle qui comprend 5 items éva-luant le degré de satisfaction générale des sujets. En ce qui concerne l'ho-mogénéité interne de l'instrument, nous trouvons un alpha de Cronbach de .85. Les statistiques descriptives du SWLS, notamment les moyennes, les écarts-type, l'alpha de Cronbach, ainsi que les scores de normalité fi-gurent dans le tableau 18.

Tableau 18: Statistiques descriptives des résultats du SWLS par groupe professionnel

	α	M	SD	K	S
SSI-VD					
SWLS	.85	26.04	4.56	.21	-.69
SIS-GE					
SWLS	.82	26.46	4.35	-.66	-.32
EERV					
SWLS	.85	24.73	5.24	1.63	-1.10

Note: SSI-VD = Service de Secours et d'Incendie – Vaud; SIS-GE = Service d'Incendie et de Secours – Genève; EERV = Eglise Evangélique Réformée du canton de Vaud

6.2. Les groupes professionnels

L'analyse de variance, ainsi que les tests post hoc (Bonferroni) montrent qu'il n'y a pas de différence significative entre les groupes au niveau du bien-être subjectif.

6.3. Les variables sociodémographiques

6.3.1. L'âge

Les résultats des analyses corrélationnelles mettent en évidence une corréla-tion significative entre la variable âge et le bien-être subjectif ($r = -.18$;

p <.01). Ce résultat suggère que les sujets les plus âgés déclarent un niveau de bien-être subjectif inférieur.

6.3.2. Le sexe et l'ancienneté professionnelle

Nos analyses ne montrent aucun lien entre la satisfaction de la vie et les variables «sexe» et «ancienneté professionnelle».

7. Satisfaction professionnelle

7.1. Validité interne du Jobsat

Nous avons mis à l'épreuve la consistance interne de ce questionnaire qui contient deux échelles mesurant la satisfaction Intrinsèque (INT) et extrinsèque (EXT). Les indices de fiabilité (alpha de Cronbach) pour les deux échelles sont de .83 et de .77. Dans une étude portant sur la révision des sous-échelles de ce questionnaire, Hirschfeld (2000) trouve des alphas de .81 pour la sous-échelle intrinsèque et de .81 pour la sous-échelle extrinsèque. En outre, nous avons trouvé un indice de fiabilité de .86 pour le score total de ce questionnaire. Une analyse factorielle exploratoire a été effectuée. Nous avons extrait deux facteurs que nous avons ensuite comparés aux facteurs théoriques à l'aide d'une analyse de corrélations. Nous trouvons des corrélations de .94 et de .79 (p = .01), mais il faut préciser que les 2 facteurs théoriques sont déjà fortement corrélés (r = .59). L'ensemble des corrélations entre les facteurs extraits et les échelles du questionnaire Jobsat figurent dans le tableau 19.

Tableau 19: Corrélations entre facteurs et échelles du JOBSAT (n = 243)
Les corrélations supérieures à | .50 | sont en gras

	Facteurs		Echelles	
	I	II	INT	EXT
Intrinsèque (INT)	**.94**	.22	1.00	
Extrinsèque (EXT)	**.52**	**.79**	**.59**	1.00

7.2. Les groupes professionnels

Le tableau 20 synthétise les statistiques descriptives pour chaque groupe professionnel. Par souci de précision, nous avons calculé un score total regroupant tous les items du questionnaire que nous avons nommé satisfaction Totale, puis un score pour chacune des deux échelles Intrinsèque et Extrinsèque. Nous observons que les pompiers genevois obtiennent des scores de satisfaction supérieurs à ceux des deux autres groupes.

Une analyse de variance (tableau 21) nous montre en effet une différence significative entre les groupes professionnels au niveau de la satisfaction Totale, $F (2, 230) = 5.33$; $p < .01$, et au niveau de la satisfaction Extrinsèque, $F (2, 235) = 11.16$; $p < .001$. L'estimation de la taille de l'effet montre que la différence observée au niveau de l'échelle Extrinsèque a une ampleur moyenne à grande.

Les tests post hoc (Bonferroni) confirment la différence entre les pompiers genevois et les deux autres groupes en ce qui concerne la satisfaction Totale et la satisfaction Extrinsèque. En effet, parmi les trois groupes étudiés, le personnel du SSI-GE se déclare globalement plus satisfait des conditions générales de travail.

Tableau 20: Statistiques descriptives des résultats du JOBSAT par groupe professionnel

	α	M	SD	K	S
SSI-VD					
Totale	0.89	60.21	7.03	.11	-.18
Intrinsèque	0.81	31.96	3.70	-.20	-.12
Extrinsèque	0.81	27.80	4.06	-.23	-.05
SIS-GE					
Totale	0.75	64.02	5.00	.50	-.44
Intrinsèque	0.73	33.77	2.89	.34	-.77
Extrinsèque	0.69	30.41	3.37	1.51	.04
EERV					
Totale	0.87	60.09	7.61	-.10	-.45
Intrinsèque	0.87	33.08	4.27	-.36	-.38
Extrinsèque	0.75	27.06	4.32	.30	-.52

Note: SSI-VD = Service de Secours et d'Incendie – Vaud; SIS-GE = Service d'Incendie et de Secours – Genève; EERV = Eglise Evangélique Réformée du canton de Vaud

Tableau 21: ANOVAs évaluant l'impact du groupe professionnel
             sur la satisfaction professionnelle

	df	F	p	Φ	η^2
Totale	2, 230	5.33	.005	.83	.04
Intrinsèque	2, 240	2.77	.06	.54	.02
Extrinsèque	2, 235	11.16	< .001	.99	.09

7.3. Les variables sociodémographiques

7.3.1. L'âge

Nous avons effectué des analyses corrélationnelles afin de vérifier le lien entre l'âge et le niveau de satisfaction professionnelle. Les résultats de ces analyses mettent en évidence une corrélation négative entre la satisfaction Totale et l'âge ($r = -.16$; $p = .01$), ainsi qu'entre la satisfaction Extrinsèque et l'âge ($r = -.15$; $p = .02$). Les sujets les plus âgés semblent donc rapporter un plus grand niveau d'insatisfaction vis-à-vis de leur travail.

Puisque les pasteurs représentent la population la plus âgée, et qu'ils obtiennent en moyenne les scores les moins élevés en matière de satisfaction professionnelle, il nous semble important de contrôler l'effet de l'âge sur les différences de satisfaction constatées entre les groupes. Les analyses de variance montrent que l'effet du groupe professionnel sur le niveau de satisfaction Totale est maintenu, $F (3, 226) = 3.43$; $p = .03$. C'est également le cas en ce qui concerne le niveau de satisfaction Extrinsèque, $F (3, 231) = 8.29$; $p < .001$. Nous pouvons donc affirmer que malgré l'effet de l'âge, les trois groupes professionnels se différencient en ce qui concerne leur niveau de satisfaction professionnelle.

7.3.2. Le sexe

Afin de vérifier l'effet de la variable sexe sur le niveau de satisfaction professionnelle, nous avons cherché à comparer les scores moyens des femmes à ceux des hommes de notre population. Les statistiques descriptives montrent que les femmes rapportent en moyenne un niveau de satisfaction intrinsèque supérieur à celui des hommes, et l'analyse de variance confirme que cette différence est significative, $F (1, 233) = 6.39$; $p = .01$.

En contrôlant l'effet de la variable sexe sur la sous-échelle Intrinsèque, nous constatons que la différence entre les groupes pour cette sous-échelle est non significative. Enfin, l'analyse de corrélations ne met en évidence aucune interaction significative entre l'ancienneté professionnelle et le niveau de satisfaction au travail.

8. Liens entre la personnalité et les caractéristiques professionnelles

Pour comparer le NEO-FFI-R et le JCQ, nous avons utilisé deux méthodes. D'abord, nous avons opté pour une approche corrélationnelle qui permet de vérifier si les échelles de ces deux instruments mesurent effectivement des entités différentes. Les corrélations seront calculées non seulement pour les résultats de tous les sujets de l'échantillon, mais également pour les trois groupes professionnels. De plus, nous avons effectué une analyse en termes de régressions linéaires (méthodes stepwise et enter) qui permet de vérifier si les échelles d'un des instruments permettent d'expliquer les échelles de l'autre instrument. Ce niveau d'analyse vise une comparaison globale des inventaires, au-delà des simples relations termes à termes entre les échelles. L'objectif ici est de rendre compte si l'utilisation de deux outils différents était justifiée pour déterminer les variables d'entrée de notre modèle, et surtout si les deux variables d'entrée nous procurent des informations distinctes et additionnelles.

8.1. Etudes de corrélations

Population globale

Nous avons calculé les corrélations entre les dimensions du NEO-FFI-R (N, E, O, A, C) et les échelles et sous-éhelles du JCQ (DP, LD, Uq, Ct). L'ensemble de ces corrélations figure dans le tableau 22. Ces analyses portent sur les notes brutes obtenues aux deux inventaires dans l'ensemble de l'échantillon. Les analyses spécifiques pour les groupes professionnels seront également présentées.

Tableau 22: Corrélations entre les dimensions du NEO-FFI-R et les échelles et sous-échelles du JCQ

NEO-FFI-R		JCQ			
		DP	LD	Uq	Ct
N	Névrosisme	.28**	-.23**	-.16*	-.21**
E	Extraversion	.09	.21**	.26**	.11
O	Ouverture	.08	.22**	.18**	.20**
A	Agréabilité	-.07	.23**	.21**	.17**
C	Conscience	-.08	.13*	.19**	.04

Note: DP = Demande Psychologique ; LD = Latitude Décisionnelle ; Uq = Utilisation des qualifications ; Ct = Contrôle sur la tâche. Seuil de significativité : *p < .05, **p < .01

Les corrélations entre les échelles du NEO-FFI-R et celles du JCQ montrent une correspondance globalement faible entre les deux instruments. En effet, toutes les corrélations sont inférieures à .30. Cette première constatation nous permet de confirmer la pertinence de considérer les caractéristiques individuelles et professionnelles en tant que variables d'entrée dans notre modèle d'ajustement au stress. En effet, il semble que la perception des caractéristiques professionnelles n'est que faiblement influencée par les caractéristiques individuelles stables. Nous pouvons supposer que les résultats du JCQ, conformément aux vues de Karasek (1979 ; 1985), nous apportent effectivement des informations additionnelles et indépendantes sur les caractéristiques « objectives » de la situation de travail. Il va de soi que, s'agissant d'un questionnaire d'auto-évaluation, la perception des situations vécues est dans une certaine mesure « teintée » par les prédispositions individuelles. Certains auteurs ont critiqué le recours aux questionnaires d'auto-évaluation pour mesurer les stresseurs professionnels. Par exemple, Spector et Jex (1991) trouvent une correspondance limitée entre la perception individuelle des employés et les mesures obtenues par une analyse du travail conduite par des experts indépendants. Pourtant, comme le soulignent Frese et Zapf (1988), l'avis d'experts indépendants est également sujet aux biais de la perception, et dès lors, le recours aux auto-évaluations relève d'un choix méthodologique qui présuppose des avantages et des limites.

Il semble toutefois intéressant d'interpréter les corrélations entre les échelles des deux instruments précités, même si celles-ci sont globalement faibles. Nous remarquons parmi les cinq dimensions du NEO-FFI-R, le

Névrosisme entretient la plus forte correspondance avec les échelles du JCQ. En effet, cette dimension corrèle de manière significative avec les échelles de Demande Psychologique ($r = .28$) et de Latitude Décisionnelle ($r = -.23$). Il semble que les sujets qui présentent des scores élevés de Névrosisme ont tendance à percevoir une plus grande charge psychologique et une sphère d'autonomie plus faible dans l'exercice de leurs fonctions. D'autre part, nous constatons une certaine correspondance entre les dimensions du Névrosisme, de l'Extraversion, de l'Ouverture et de l'Agréabilité, et l'échelle de Latitude Décisionnelle du JCQ. En considérant les deux facettes de l'échelle Latitude Décisionnelle, nous constatons que le Névrosisme et l'Ouverture semblent plus associés avec la sous-échelle Ct, alors que l'Extraversion, l'Agréabilité et la Conscience sont corrélées avec la sous-échelle Uq.

Groupes professionnels

Nous avons également effectué des analyses de corrélations pour chaque groupe professionnel séparément. Il est intéressant de remarquer un changement de configuration des correspondances entre les deux instruments. En effet, pour ce qui est des deux groupes de pompiers, nous ne remarquons plus aucune corrélation significative entre les dimensions de la personnalité et les caractéristiques professionnelles. Par contre, en ce qui concerne les pasteurs, nous retrouvons la même correspondance entre les dimensions du NEO-FFI-R et les échelles du JCQ que ce que nous avions vu pour l'ensemble de l'échantillon, mais les corrélations sont globalement plus élevées. En particulier, nous constatons une corrélation de .35 ($p < .001$) entre N et DP, et surtout une corrélation négative de -.50 ($p < .001$) entre N et LD. Cette différence entre les pasteurs et les pompiers est intéressante, et nous pouvons avancer une hypothèse explicative pour ce phénomène. Il semble que les pasteurs soient plus «perméables» à leurs émotions, notamment aux affects négatifs et à l'anxiété qui sont évalués par la dimension de névrosisme (voir tableau 5). Dès lors, leur description des caractéristiques de leur travail est influencée par ces émotions négatives, qui les conduisent à percevoir une plus grande charge psychologique et une sphère d'autonomie moindre. Les pompiers, quant à eux, semblent ne pas se laisser perturber par la sphère émotionnelle lorsqu'il leur est demandé de décrire leur travail. Cette influence ne s'arrête pourtant pas aux émotions négatives. Nous trouvons également des corrélations significatives entre Latitude Décisionnelle et les dimensions d'extraversion (r = .34; p < .001) et de Conscience (r = .34; p < .001). Ces résultats peuvent s'expliquer en partie par la différence au niveau des cultures organisation-nelles des deux groupes (l'expression des émotions est encouragée chez les pasteurs, alors qu'elle semble contraire aux valeurs institutionnelles des pompiers), mais aussi par les styles de coping caractéristiques des deux groupes (les pasteurs ont plus recours à des stratégies centrées sur les émotions, ce qui peut expliquer la «perméabilité» hypothétisée plus haut).

8.2. Modèles de prédiction

Pour aller plus avant dans la comparaison de ces deux inventaires, nous avons effectué une série de régressions linéaires afin de prédire les dimen-sions du NEO-FFI-R à l'aide des échelles du JCQ et de prédire les échel-les et les sous-échelles du JCQ à l'aide des dimensions du NEO-FFI-R. Cette approche permet de vérifier si les deux instruments mesurent effec-tivement des entités différentes, ou si une partie de l'information procurée par les deux inventaires est redondante. Pour sélectionner les variables explicatives de nos équations de régressions, nous avons d'abord utilisé la méthode «stepwise» qui consiste à évaluer la pertinence de chaque varia-ble à chaque étape, et qui ne garde que les variables qui offrent la plus grande part d'explication. Dans un second temps, nous avons utilisé la méthode «enter» qui tient compte de l'ensemble des variables explica-tives, afin de vérifier si d'éventuelles variables exclues par la méthode «stepwise» ont tout de même un certain pouvoir explicatif.

Régressions linéaires

L'ensemble des résultats des analyses de régression visant à prédire les dimensions du NEO-FFI-R par les échelles du JCQ est présenté dans le tableau 23. Les équations de régression obtenues en appliquant la mé-thode «stepwise» montrent que la dimension Névrosisme (N) entretient des liens faibles avec les deux échelles du JCQ et que, en ce qui concerne l'échelle Latitude Décisionnelle (LD), ce lien est négatif. Ce résultat con-firme la correspondance négative constatée entre Névrosisme et Latitude Décisionnelle lors des analyses corrélationnelles. Toutefois, le coefficient de correspondance est faible (R^2 = .14), ce qui indique que les échelles retenues n'expliquent que 14% de la variance de la dimension Névrosisme (N).

Tableau 23 : Résultats de l'étude de régression avec méthode « stepwise » pour les dimensions du NEO-FFI-R

NEO-FFI-R	β	t	p
Névrosisme (N)			
Demande Psychologique (DP)	.29	4.78	< .001
Latitude Décisionnelle (LD)	-.23	-3.84	< .001
R^2	.14		< .001
Extraversion (E)			
Latitude Décisionnelle (LD)	.21	3.36	.001
R^2	.05		< .001
Ouverture (O)			
Latitude Décisionnelle (LD)	.21	3.39	.001
R^2	.05		< .001
Agréabilité (A)			
Latitude Décisionnelle (LD)	.23	3.64	< .001
R^2	.05		< .001
Conscience (C)			
Latitude Décisionnelle (LD)	.13	2.04	.04
R^2	.02		< .001

Pour ce qui est des autres dimensions du NEO-FFI-R (E, O, A et C), la méthode « stepwise » exclut systématiquement l'échelle Demande Psychologique (DP) du modèle de prédiction. L'application de la méthode « enter » nous permet effectivement de constater que l'échelle DP ne contribue pas de manière significative aux équations de régression (p > .05). Les quatre dimensions entretiennent des liens faibles mais positifs avec l'échelle Latitude Décisionnelle (LD). Cette échelle ne rend compte que de 5% de la variance des dimensions Extraversion (E), Agréabilité (A) et Ouverture (O), et de 2% en ce qui concerne la dimension Conscience (C).

Tableau 24: Résultats des équations de régression visant à prédire les échelles du JCQ

JCQ	β	t	p
Demande Psychologique (DP)			
Névrosisme (N)	.36	5.54	< .001
Extraversion (E)	.21	3.27	.001
R^2	.34		< .001
Latitude Décisionnelle (LD)			
Névrosisme (N)	-.24	-3.60	< .001
Ouverture (O)	.26	4.20	< .001
Extraversion (E)	.13	2.00	.05
R^2	.14		< .001

Les résultats des analyses de régression effectuées pour prédire les échelles du JCQ par les dimensions du NEO-FFI-R figurent dans le tableau 24. La régression linéaire qui vise à prédire les scores de l'échelle Demande Psychologique (DP) du JCQ montre que cette échelle entretien un lien avec les dimensions Névrosisme (N) et Extraversion (E). Lors de l'application de la méthode «stepwise», les dimensions Ouverture (O), Agréabilité (A) et Conscience (C) ont été exclues du modèle de prédiction. L'analyse de régression avec la méthode «enter» montre que ces dimensions ne contribuent pas de manière significative à l'équation (p > .05). Le coefficient de détermination R^2 est de .34, ce qui indique que les dimensions retenues expliquent 34% de la variance de l'échelle Demande Psychologique. L'échelle Latitude Décisionnelle (LD) entretien un lien avec les dimensions Névrosisme (N), Ouverture (O) et Extraversion (O). Ces équations confirment le lien négatif entre la dimension Névrosisme et l'échelle de Latitude Décisionnelle (LD). Toutefois, la part de variance de cette échelle expliquée par les dimensions du NEO-FFI-R n'est que de 14%. L'application de la méthode «enter» montre que les dimensions Agréabilité et Conscience ne contribuent pas de manière significative à l'équation de régression. L'échelle Latitude Décisionnelle (LD) entretien un lien avec les dimensions Névrosisme (N), Ouverture (O) et Extraversion (O). Ces équations confirment le lien négatif entre la dimension Névrosisme et l'échelle de Latitude Décisionnelle (LD). Toutefois, la part de variance de cette échelle expliquée par les dimensions du NEO-FFI-R n'est que de 14%. L'application de la méthode «enter» montre que les dimensions Agréabilité et Conscience ne contribuent pas de manière significative à l'équation de régression. L'échelle Latitude Décisionnelle (LD) entretien un lien avec les dimensions Névrosisme (N), Ouverture (O) et Extraversion (O). Ces équations confirment le lien négatif entre la dimension Névrosisme et l'échelle de Latitude Décisionnelle (LD). Toutefois, la part de variance de cette échelle expliquée par les dimensions du NEO-FFI-R n'est que de 14%. L'application de la méthode «enter» montre que les dimensions Agréabilité et Conscience ne contribuent pas de manière significative à l'équation de régression.

D'une manière générale, l'analyse de ces droites de régression permet de constater certaines correspondances entre les échelles du JCQ et les dimensions du NEO-FFI-R. Néanmoins, et au vu des coefficients de détermination R^2 mis en évidence, nous pouvons déduire que les dimensions du NEO-FFI-R ne permettent pas de bien rendre compte des échelles du JCQ, et vice-versa. Nous pouvons donc confirmer que nous sommes bien en présence de variables de natures différentes qui nécessitent le recours à des questionnaires distincts.

9. Liens entre la perception du stress et la personnalité

L'objectif ici est d'étudier l'impact des contingences individuelles stables sur la phase d'évaluation dans le processus de rencontre avec le stress. Afin de mettre en évidence les liens entre la personnalité et la perception du stress, nous avons dans un premier temps calculé les corrélations entre les résultats du PSS et ceux du NEO-FFI-R. Dans un second temps, une série d'analyses de régressions ont été réalisées afin de calculer un modèle de prédiction de la perception du stress à partir des dimensions de la personnalité.

9.1. Etudes de corrélations

Population globale

Nous avons calculé les corrélations entre les dimensions du NEO-FFI-R et le score du PSS, puisque ce deuxième instrument est une mesure unidimensionnelle. L'ensemble de ces corrélations figure dans le tableau 25.

Nous observons une corrélation élevée entre la dimension de Névrosisme et le niveau de stress perçu. Nous constatons également une corrélation négative entre la dimension de Conscience et la perception de stress. Dans une moindre mesure, une corrélation positive entre la dimension d'Ouverture et la perception de stress, et une corrélation négative entre la dimension d'Extraversion et la perception de stress sont mises en évidence. Ces résultats correspondent à nos expectatives exprimées par les hypothèses. En effet, la stabilité émotionnelle (vs névrosisme) et le caractère consciencieux semblent jouer un rôle protecteur lors de l'évaluation par le sujet des ressources disponibles pour faire face à une situation problématique. De plus, nous constatons que l'Extraversion semble également diminuer le niveau de stress perçu, alors que la dimension d'Ouverture contribue de manière positive au stress perçu.

Tableau 25: Corrélations entre les dimensions du NEO-FFI-R et le PSS
Les corrélations supérieures à $|.30|$ sont en gras

	NEO-FFI-R				
	N	E	O	A	C
PSS	**.70****	-.20**	.18**	-.10	**-.47****

Seuil de significativité : $*p < .05$, $**p < .01$

9.2. Modèles de prédiction

Régressions linéaires

L'étude des corrélations a déjà permis de mettre en évidence des liens entre la personnalité et la perception du stress. Afin d'approfondir la comparaison entre ces deux variables, nous avons effectué des régressions linéaires afin de prédire les résultats du PSS, qui reflètent le niveau de stress perçu par les sujets, à partir des dimensions du NEO-FFI-R. Les résultats de ces analyses de régression sont présentés dans le tableau 26. L'application de la méthode «stepwise» conduit à ne retenir que les dimensions de Névrosisme, Conscience et Extraversion dans le calcul des équations de régression. En appliquant la méthode «enter», nous constatons que les deux autre dimensions (Ouverture et Agréabilité) ne contribuent pas de manière significative aux équations de régression (p > .05). Ces résultats confirment ceux issus de l'analyse de corrélations (cf. tableau 25). En effet, nous constatons que le névrosisme entretient un lien important avec la perception du stress. De plus, le lien entre le stress perçu et la dimension de Conscience est négatif, ce qui confirme le rôle protecteur de cette dimension dans la phase d'évaluation. Enfin, le coefficient de correspondance est élevé, indiquant que les dimensions retenues expliquent 55% de la variance du niveau de stress perçu.

Tableau 26: Résultats de l'étude de régression permettant de prédire les résultats du PSS à partir des dimensions du Neo-FFI-R

PSS	β	t	p
Névrosisme (N)	.63	13.45	< .001
Conscience (C)	-.28	-5.86	< .001
Extraversion (E)	.09	2.01	.04
R^2	.55		

10. Liens entre la perception du stress et les caractéristiques professionnelles

Après avoir étudié le rôle des dispositions individuelles stables (personnalité) dans l'évaluation cognitive du stress, nous cherchons à décrire et à comprendre l'impact des conditions environnementales sur cette évaluation. Pour ce faire, les deux dimensions du modèle *Demand/Control*, soient la Demande Psychologique et la Latitude Décisionnelle (JCQ) sont mises en lien avec la mesure de perception du stress (PSS).

10.1. Etudes de corrélations

Population globale

Les analyses de corrélations entre le stress perçu et les conditions professionnelles (cf. tableau 27) mettent en évidence une corrélation élevée entre le stress perçu et l'échelle de Demande Psychologique.

Tableau 27:   Corrélations entre les échelles et sous-échelles du JCQ et le PSS
              Les corrélations supérieures à |.30| sont en gras

	JCQ			
	DP	LD	Uq	Ct
PSS	**.41****	-.16**	-.10	-.14**

Nous nous attendions à une telle corrélation puisque ces deux variables traduisent deux visions d'une même situation. En effet, la Demande Psychologique reflète la manière dont le sujet perçoit la charge que lui impose son travail, alors que le stress perçu est une évaluation par la personne de ses ressources disponibles face à cette charge. Dès lors, cette corrélation montre dans une certaine mesure que, plus la perception de la charge professionnelle est élevée, plus le sujet a tendance à se sentir démunie face à celle-ci.

10.2. Modèles de prédiction

Régressions linéaires

Les résultats de l'analyse de régression effectuée pour prédire la perception du stress à partir des échelles et sous-échelles du JCQ (cf. tableau 28) mettent en évidence un lien entre les résultats du PSS et l'échelle de Demande Psychologique. Ce résultat, qui confirme la corrélation mise en évidence entre ces deux variables ($r = .41$; $p < .01$), montre une correspondance logique entre deux entités qui mesurent *a priori* la même chose mais sous des regards différents : une mesure « objective » et une mesure « subjective » du stress. En effet, l'échelle DP reflète la description « objective » des stresseurs potentiels dans l'environnement alors que le PSS met en lumière ces stresseurs tels qu'ils sont perçus par les sujets.

Enfin, dans une moindre mesure, nous remarquons aussi un lien entre la perception du stress et la sous-échelle Uq. Ce résultat suggère que la sous-exploitation des connaissances et compétences est source de stress pour l'individu.

Tableau 28 : Résultats de l'étude de régression permettant de prédire les résultats du PSS à partir des dimensions du JCQ

PSS	β	t	p
Demande Psychologique (DP)	.43	7.15	< .001
Utilisation des qualifications (Uq)	-.16	-2.78	.006
R^2	.19		

D'une manière générale, nous remarquons que les contingences individuelles et environnementales, représentées par les variables d'entrée de notre modèle théorique, permettent de prédire et d'expliquer la phase de perception dans le processus de stress. De plus, les équations de régression présentées ci-dessus indiquent que la perception subjective du stress est plus influencée par les dispositions individuelles que par l'environnement objectif. En effet, le JCQ ne permet d'expliquer que 19% de la variance du stress perçu alors que le NEO-FFI-R permet de prédire plus de la moitié de cette même variance ($R^2 = .55$).

11. Liens entre les émotions au travail et la personnalité

11.1. Etudes de corrélations

Population globale

Nous avons cherché à mettre en relation les émotions vécues au travail avec les dimensions de la personnalité. La première étape de cette mise en relation nous a amené à calculer les corrélations entre les trois échelles de l'inventaire E.N.P. et les dimensions du NEO-FFI-R. Les résultats de ces analyses de corrélations sont présentés dans le tableau 29.

Tableau 29: Corrélations entre les et les échelles du E.N.P. et les dimensions du NEO-FFI-R
Les corrélations supérieures à | .30 | son en gras

E.N.P.	NEO-FFI-R				
	N	E	O	A	C
Emotions Positives	-.26**	**.30****	.13*	.28**	.13*
Emotions Négatives	**.62****	-.19**	.19**	-.10	**-.34****
Surprise	-.02	.18**	.19**	.05	.02

Seuil de significativité : *p < .05, **p < .01.

En ce qui concerne la mise en relation des dimensions de la personnalité et des émotions vécues au travail, nous remarquons une corrélation élevée entre la dimension de Névrosisme et les émotions négatives. Ce résultat correspond à nos attentes ainsi qu'aux postulats théoriques concernant cette dimension du modèle à cinq facteurs. En effet, le Névrosisme représente un trait stable de la personnalité qui décrit la tendance à éprouver des émotions négatives. D'autre part, l'échelle N de l'inventaire E.N.P. mesure la fréquence des émotions négatives ressenties sur une durée d'un mois. Dès lors, nous constatons que les émotions vécues sur une durée déterminée sont fortement dépendantes d'un pattern émotionnel stable. En d'autres termes, nous pouvons mettre en évidence une interaction entre les affects « état » et les affect « trait » (State affects vs Trait affects). Dans la même logique, la corrélation significative entre la dimension d'Extraversion et l'échelle des émotions positives met en évidence l'interdépendance entre les affects positifs dispositionnels (E) et situationnels (P). De plus, l'échelle des émotions positives est corrélée négativement avec la dimension de Névrosisme et positivement avec la dimension d'Agréabilité. Enfin, la corrélation négative élevée entre les affects négatifs et la dimension de Conscience met en évidence le rôle protecteur des capacités de planification et d'organisation (supposées par cette dimension) face aux émotions négatives.

Groupes professionnels

Nous avons effectué des analyses corrélationnelles séparées pour chaque groupe professionnel. Globalement, les corrélations mises en évidence ont des grandeurs comparables et des directions semblables à celles calculées sur l'ensemble de notre échantillon. Toutefois, nous remarquons un élément intéressant. Alors que pour l'ensemble de l'échantillon, la corrélation entre la dimension de Conscience (C) et les émotions négatives est significative ($r = -.34$; $p < .001$), ce n'est plus le cas en ce qui concerne les groupes professionnels considérés séparément. En effet, cette corrélation reste significative pour le groupe des pasteurs ($r = -.33$; $p < .001$), mais en ce qui concerne les deux groupes de pompiers, même si elle reste négative, cette corrélation n'est plus significative ($r = -.13$ et $-.14$; $p > .05$). Nous pouvons expliquer cela par la dispersion différente de la dimension de Conscience à l'intérieur des groupes professionnels. En effet, en ce qui concerne le résultat de cette dimension, les statistiques descriptives (tableau 4) montrent des écarts-type sensiblement différents (4.81 et 4.90 pour les pompiers ; 6.49 pour les pasteurs). Dès lors, nous pouvons avancer que l'hétérogénéité de la dispersion de cette dimension dans la population de pasteurs en fait un indicateur significatif de la différence au niveau des émotions négatives ressenties.

11.2. Modèles de prédiction

Pour aller plus avant dans la comparaison de ces deux variables, nous avons effectué une série de régressions linéaires afin de prédire les échelles de l'inventaire E.N.P. à l'aide des dimensions du NEO-FFI-R. Nous cherchons ici à confirmer les liens entre émotions et personnalité mis en évidence par les analyses corrélationnelles. Pour sélectionner les variables explicatives de nos équations de régressions, nous avons d'abord utilisé la méthode «stepwise» qui consiste à évaluer la pertinence de chaque variable à chaque étape, et qui ne garde que les variables qui offrent la plus grande part d'explication. Dans un second temps, nous avons utilisé la méthode «enter» qui tient compte de l'ensemble des variables explicatives, afin de vérifier si d'éventuelles variables exclues par la méthode «stepwise» ont tout de même un certain pouvoir explicatif.

Régressions linéaires

L'ensemble des résultats des analyses de régression visant à prédire les échelles de l'inventaire E.N.P. à partir des dimensions du NEO-FFI-R est présenté dans le tableau 30. Les équations de régression obtenues en appliquant la méthode «stepwise» montrent que l'échelle des émotions

positives entretien un lien positif avec les dimensions Extraversion et Agréabilité, et un lien négatif avec la dimension Névrosisme, ce qui corrobore
les liens mis en évidence par les analyses corrélationnelles. En outre, les
dimensions retenues expliquent 16% de la variance de l'échelle des émotions positives.

Tableau 30: Résultats de l'étude de régression avec méthode «stepwise» permettant de
prédire les échelles de l'E.N.P. à l'aide des dimensions du NEO-FFI-R

E.N.P.	β	t	p
Emotions Positives			
Extraversion	.20	3.11	.002
Agréabilité	.21	3.45	.001
Névrosisme	-.15	-2.37	.02
R^2	.16		< .001
Emotions Négatives			
Névrosisme	.58	10.81	< .001
Conscience	-.14	-2.58	.01
R^2	.40		< .001
Surprise			
Ouverture	.18	2.94	.004
Extraversion	.17	2.75	.006
R^2	.06		< .001

En ce qui concerne l'échelle des émotions négatives, la correspondance
avec les dimensions de la personnalité est plus saillante. Comme attendu,
la plus forte correspondance se situe entre la dimension de Névrosisme
(N) et les émotions négatives, et la dimension de Conscience entretient un
lien négatif avec cette échelle. Ce résultat confirme les liens constatés lors
des analyses corrélationnelles. Relevons que le coefficient de correspondance est élevé ($R^2 = .40$), ce qui indique que les deux dimensions retenues expliquent 40% de la variance de l'échelle des émotions négatives.

Enfin, pour ce qui est de l'échelle de surprise, les équations de régression calculées n'expliquent qu'une part faible (6%) de la variance globale. Toutefois, nous remarquons tout de même des liens entre la surprise
et les dimensions d'Ouverture et d'Extraversion. En effet, il semble que
ces dimensions peuvent prédire la fréquence d'apparition d'émotions telles
que la surprise, l'étonnement et la stupéfaction. L'application de la mé-

thode « enter » permet de vérifier que les dimensions exclues des premières équations de régression ne contribuent pas de manière significative à l'explication des échelles d'émotions. Globalement, nos résultats sont en accord avec ceux mis en évidence par de nombreux travaux qui ont étudié les relations entre les traits de personnalité et les états affectifs passagers (Clark, 2000 ; Tellegen, 1985 ; Lucas et al., 2000 ; Lucas & Diener, 2001 ; Rolland & De Fruyt, 2003). En effet, les schémas de corrélations les plus importants entre les affects et la personnalité ont été trouvés pour l'affectivité positive et l'Extraversion, et l'affectivité négative et le Névrosisme. Selon Rolland et De Fruyt (2003), ces associations sont élevées, robustes, et soutiennent le postulat de Tellegen (1985) qui suggère que Névrosisme et Extraversion devraient être rebaptisés respectivement Emotionalité Négative et Positive.

12. Liens entre les émotions au travail et les caractéristiques professionnelles

12.1. Etudes de corrélations

Population globale

Nous avons effectué des analyses de corrélations afin de mettre en lien les émotions vécues au travail et les caractéristiques professionnelles. Les résultats de ces analyses sont présentés dans le tableau 31. Nous remarquons une corrélation significative entre les émotions positives et l'échelle de Latitude Décisionnelle (LD), ainsi que ses deux sous-échelles Uq et Ct. Il semble naturel d'interpréter ces résultats par le fait que l'impression de contrôle sur les tâches professionnelles est accompagnée d'émotions positives. Les émotions négatives, quant à elles, entretiennent des liens significatifs avec les deux échelles du JCQ. Ce lien est positif en ce qui concerne la Demande Psychologique, et négatif en ce qui concerne la Latitude Décisionnelle. Ces résultats semble confirmer l'adéquation du modèle *Demand-Control*, à la base du questionnaire JCQ, qui postule que la tension psychologique est induite par la combinaison d'une charge psychologique élevée et d'une sphère d'autonomie faible. Dans ce sens, nous remarquons qu'au sein de notre population, une telle configuration des deux dimensions des conditions professionnelles correspond à un état affectif négatif.

Tableau 31: Corrélations entre les et les échelles du E.N.P. et les échelles et sous-échelles du JCQ

E.N.P.	JCQ			
	DP	LD	Uq	Ct
Emotions Positives (P)	-.12	.27**	.22**	.23**
Emotions Négatives (N)	.25**	-.15*	-.12	-.11
Surprise (S)	.00	.07	.08	.05

Seuil de significativité: *p < .05, **p < .01.

Groupes professionnels

Les analyses de corrélations effectuées pour les groupes professionnels séparés montrent que d'une manière générale, les corrélations entre les émotions et les conditions de travail perdent de leur importance et de leur significativité en ce qui concerne les pompiers, mais par contre augmentent parmi les pasteurs. En effet, nous ne relevons plus qu'une corrélation significative chez les pompiers genevois entre les émotions positives et l'échelle de Latitude Décisionnelle ($r = .33$; $p = .04$). Par contre, toutes les corrélations significatives qui ressortaient de l'analyse de la population globale le restent en ce qui concerne les pasteurs. Pour ce groupe professionnel, nous relevons une corrélation de -.18 ($p = .04$) entre les émotions positives et l'échelle de Demande Psychologique, une corrélation de .29 ($p < .001$) entre les émotions négatives et l'échelle de Demande Psychologique, et une corrélation de -.40 ($p < .001$) entre les émotions négatives et l'échelle de Latitude Décisionnelle. Nous constatons que toutes les tendances relevées sur l'ensemble de la population sont plus marquées pour ce groupe spécifique et que le modèle théorique *Demand-Control* est particulièrement adapté pour expliquer les réactions émotionnelles des pasteurs.

12.2. Modèles de prédiction

Régressions linéaires

Les résultats de l'analyse de régression effectuée pour prédire les émotions vécues au travail à partir des échelles du JCQ (cf. tableau 32) montrent que le meilleur prédicteur pour les émotions positives est l'échelle de Latitude Décisionnelle, et que ces émotions entretiennent un lien négatif avec l'échelle de Demande Psychologique. La situation est exactement inversée en ce qui concerne les émotions négatives. Les équations de régression confirment les correspondances mises en évidences par les analyses corrélationnelles.

Tableau 32: Résultats de l'étude de régression avec méthode «stepwise» permettant de prédire les échelles de l'E.N.P. à l'aide des échelles du JCQ

E.N.P.	β	t	p
Emotions Positives (P)			
Latitude Décisionnelle	.26	4.09	< .001
Demande Psychologique	-.15	-2.26	.02
R^2	.09		
Emotions Négatives (N)			
Demande Psychologique	.25	3.87	< .001
Latitude Décisionnelle	-.15	-2.40	.02
R^2	.09		

D'une manière générale, nous remarquons que la configuration *Demande Psychologique élevée / Latitude Décisionnelle basse* correspond aux affects négatifs, et que la configuration inverse prédit les émotions positives. Toutefois, la part de variance des résultats de l'inventaire E.N.P. expliquée par les échelles du JCQ est relativement faible (9%). Les différentes analyses de corrélations et de régressions linéaires montrent que les dimensions de la personnalité, plus particulièrement celles de Névrosisme et de Conscience procurent un plus grand pouvoir de prédiction des états affectifs que les conditions environnementales «objectives».

13. Liens entre le style de coping et la personnalité

De nombreux travaux ont étudié et mis en évidence le rôle déterminant de certains traits de personnalité dans les mécanismes d'ajustement aux situations stressantes (Schaubroeck & Ganster, 1991; Parkes, 1994; Rolland, 2002). Conformément à ces travaux, nous cherchons à mettre en relation la réponse comportementale au stress, représentée par le style de coping, aux dimensions de la personnalité. L'objectif ici est d'étudier le lien entre des patterns stables et généraux de conduites, représentés par les dimensions de la personnalité, à des conduites spécifiques habituellement mises en œuvre dans des situations stressantes (CISS).

13.1. Etudes de corrélations

Population globale

Les résultats des analyses de corrélations entre le style de coping et la personnalité (cf. tableau 33) mettent en évidence une corrélation élevée entre la dimension de Névrosisme et le style centré sur les émotions, ce qui va dans le sens de notre hypothèse sur le rôle protecteur de la stabilité émotionnel (vs Névrosisme) dans la phase d'ajustement au stress. Cette dimension est également liée aux conduites d'évitement, notamment par le recours à la distraction.

Tableau 33: Corrélations entre les dimensions du NEO-FFI-R et les échelles et sous-échelles du CISS. Les corrélations supérieures à | .30 | sont en gras

	CISS				
NEO-FFI-R	T	E	A	D	SD
Névrosisme	-.18**	**.70****	.10	.22**	-.01
Extraversion	.21**	-.26**	.11	-.003	.18**
Ouverture	.12	.13*	.17**	.15*	.20**
Agréabilité	.06	-.15*	.03	-.01	.09
Conscience	**.47****	**-.36****	-.01	-.08	.04

Note: T = Tâche; E = Emotion; A = Evitement; D = Distraction; SD = Diversion Sociale. Seuil de significativité: *p < .05, **p < .01

D'autre part, nous constatons que la dimension de Conscience est corrélée positivement avec le coping centré sur la tâche, et négativement avec le coping centré sur les émotions, ce qui confirme également le rôle protecteur du caractère consciencieux dans la tentative de l'individu à s'ajuster au stress. Notons que la dimension d'Extraversion représente également, mais dans une moindre mesure, une ressource positive dans la phase de coping. Enfin, les dimensions d'Ouverture et d'Extraversion sont liées aux activités de diversion sociale.

Groupes professionnels

Nous avons également calculé les corrélations spécifiques pour chaque groupe professionnel. L'étude de ces corrélations montre des résultats globalement semblables à ceux trouvés pour l'ensemble de la population.

13.2. Modèles de prédiction

Régressions linéaires

Nous avons effectué une série d'analyses de régression avec la méthode «stepwise» pour tenter de prédire les 3 catégories de coping, représentées par les échelles du CISS, à partir des dimensions de la personnalité. Les résultats de ces analyses (cf. tableau 34) confirment les liens entre le coping et la personnalité mis en évidence par les analyses corrélationnelles. En ce qui concerne les comportements centrés sur la tâche, nous trouvons que la meilleure prédiction est procurée par la dimension de Conscience, suivi par l'Ouverture. Le coefficient de détermination R^2 montre que 26% de la variance de cette échelle (T) est expliquée par les deux dimensions retenues dans les équations de régression.

Conformément aux résultats mis en évidence par les analyses corrélationnelles, le coping centré sur les émotions entretient un lien particulièrement fort avec la dimension de Névrosisme, et un lien négatif avec celle de Conscience. Ces deux dimensions du NEO-FFI-R, retenues par l'application de la méthode «stepwise», expliquent 50% de la variabilité de l'échelle des comportements centrés sur les émotions. Enfin, pour ce qui est des comportements d'évitement, les liens observés avec les dimensions de la personnalité sont plutôt faibles, puisque seulement 2% de la variance de cette échelle sont expliqués par la personnalité. L'application

de la méthode «enter» permet de vérifier que les dimensions de la personnalité non retenues dans le calcul des premières séries d'équations de régression ne contribuent pas de manière significative à l'explication des
échelles du CISS.

D'une manière globale, nous constatons que les plus fortes correspondances mises en évidence se situent entre le coping centré sur les émotions
et la dimension de Névrosisme d'une part, et le coping centré sur la tâche
et la dimension de Conscience d'autre part. Ces constats vont dans le sens
de nos hypothèse théoriques et suggère que la combinaison entre la stabilité émotionnelle (vs Névrosisme) et le caractère consciencieux contribue
à la mise en place de stratégies d'ajustement au stress plus efficaces.

Tableau 34: Composantes des équations de régression qui prédisent les échelles du CISS à
partir de celles du NEO-FFI-R

CISS	β	t	p
Tâche			
Conscience (C)	.49	8.89	< .001
Ouverture (O)	.18	3.28	.001
R^2	.26		
Emotion			
Névrosisme (N)	.65	13.55	< .001
Conscience (C)	-.12	-2.51	.01
R^2	.50		
Evitement			
Ouverture (O)	.17	2.70	.007
R^2	.03		

14. Liens entre le style de coping
et les caractéristiques professionnelles

L'objectif ici est d'étudier les liens qu'entretiennent les résultats du CISS
avec ceux du JCQ, afin de déterminer si les conditions «objectives» du
travail exercent une influence quelconque sur le choix des stratégies de
coping auxquels ont habituellement recours les sujets.

Pour ce faire, nous avons dans un premier temps procédé à une étude des corrélations entre ces deux variables, dont les résultats figurent dans le tableau 35.

Tableau 35 : Corrélations entre les échelles et sous-échelles du JCQ et celles du CISS

JCQ	CISS				
	T	E	A	D	SD
DP	.00	.19**	-.01	.06	-.02
LD	.23**	-.16*	.01	-.07	.13*
Uq	.20**	-.16*	.01	-.06	.14*
Ct	.19**	-.10	-.01	-.06	.08

Note : T = Tâche ; E = Emotion ; A = Evitement ; D = Distraction ; SD = Diversion Sociale ; DP = Demande Psychologique ; LD = Latitude Décisionnelle ; Uq = Utilisation des qualifications ; Ct = Contrôle sur la tâche. Seuil de significativité : $*p < .05$, $**p < .01$

14.1. Etudes de corrélations

Population globale

Les corrélations mises en évidence dans cette partie sont globalement faibles. Toutefois, nous pouvons relever que l'échelle de Latitude Décision-nelle et ses deux sous-échelles sont corrélées positivement avec le coping centré sur la tâche et négativement avec le coping centré sur les émotions. D'autre part, l'échelle de Demande Psychologique est corrélée avec la centration sur les émotions. Cela suggère que la perception d'une certaine autonomie sur le lieu de travail encourage le déploiement de comporte-ments actifs de résolution de problème, alors qu'une situation profession-nelle caractérisée par une charge psychologique élevée correspond à la mise en place de stratégies de régulation émotionnelle. Si l'on se réfère au modèle *Demand-Control*, ces résultats semblent montrer que la configu-ration *Demande Psychologique basse / Latitude Décisionnelle élevée* cor-respond à la mise en place de stratégies efficaces d'ajustement su stress. Les corrélations calculées pour chaque groupe professionnel séparément vont dans le même sens que celles mises en évidence pour l'ensemble de l'échantillon. Nous ne constatons donc pas de caractéristiques spécifiques aux corps professionnels.

14.2. Modèles de prédiction

Régressions linéaires

La régression linéaire qui vise à prédire les comportements d'ajustement au stress (cf. tableau 36), montre que les comportements orientés vers la tâche sont liés à l'échelle de Latitude Décisionnelle, alors que les comportements orientés vers les émotions entretiennent un lien positif avec l'échelle de Demande Psychologique et un lien négatif avec l'échelle de Latitude Décisionnelle. Ces résultats corroborent ceux mis en évidence par les études corrélationnelles. Enfin, les comportements d'évitement n'entretiennent aucun lien avec les conditions professionnelles. De façon générale, et au vu des coefficients de détermination mis en évidence, nous pouvons remarquer que les caractéristiques de la situation professionnelle ne rendent pas bien compte des styles de coping.

Pour résumer, nous constatons que les comportements d'ajustement au stress entretiennent des liens beaucoup plus forts avec les caractéristiques individuelles qu'avec les conditions situationnelles. L'ensemble de ces liens mis en évidence par les analyses de corrélations et de régressions correspond aux postulats théoriques exprimés à travers les hypothèses. En effet, la dimension de Névrosisme, qui selon nos hypothèses constitue un facteur de vulnérabilité dans les différentes réactions au stress, correspond à un style comportemental (centration sur les émotions) qui est considéré comme ayant un effet «défavorable» sur le processus d'ajustement (Endler, Parker & Rolland, 1998). D'autre part, nous avons postulé que la dimension de Conscience a un effet résorbant ou protecteur dans la rencontre avec le stress, et les résultats de nos analyses montrent que cette dimension est liée à un style d'ajustement efficace (centration sur la tâche).

Tableau 36: Résultats des équations de régression qui prédisent les échelles du CISS à partir de celles du JCQ

CISS	β	t	p
Tâche			
Latitude Décisionnelle	.23	3.67	< .001
R^2	.06		< .001
Emotions			
Demande Psychologique	.19	2.97	.003
Latitude Décisionnelle	-.15	-2.43	.02
R^2	.06		< .001

Afin de tenter de prédire le style de coping à partir des conditions préalables, incluant à la fois les dispositions individuelles et les variables situationnelles, nous avons réalisé une autre série de régressions. Cette fois, la variable dépendante reste le style de coping, alors que les variables indépendantes comprennent les cinq dimensions de la personnalité et les deux dimensions des caractéristiques professionnelles. Les résultats de ces analyses (cf. tableau 37) montrent que la seule échelle du JCQ retenue dans le calcul des équations de régressions est celle de Latitude Décisionnelle, qui ne contribue que faiblement à la prédiction du style de coping centré sur la tâche. D'une manière générale, la prise en compte des conditions professionnelles n'apporte pas d'informations supplémentaires pour prédire le style de coping. Ceci montre que le recours aux différents comportements d'ajustement au stress est bien plus influencé par les dispositions individuelles que par les variables situationnelles ou ergonomiques.

Tableau 37: Résultats des équations de régression qui prédisent les échelles du CISS à partir de celles du JCQ et du NEO-FFI-R

CISS	β	t	p
Tâche			
Conscience (C)	.49	8.62	< .001
Ouverture (O)	.19	3.28	.001
Latitude Décisionnelle (LD)	.13	2.22	.03
R^2	.29		
Emotion			
Névrosisme (N)	.66	13.56	< .001
Conscience (C)	-.13	-2.71	.01
R^2	.51		
Evitement			
Ouverture (O)	.19	2.89	.004
R^2	.04		

15. Liens entre la perception du stress et les émotions

15.1. Etudes de corrélations

L'objectif ici est de mettre en évidence l'interdépendance entre la sphère cognitive et la sphère émotionnelle dans le processus du stress. Pour ce faire, nous avons effectué une série d'analyses corrélationnelles entre les résultats du PSS, qui reflètent la perception ou l'évaluation cognitive des stresseurs, et ceux de l'E.N.P., qui décrivent les réactions émotionnelles des sujets.

Population globale

Les résultats de ces analyses pour la population globale (cf. tableau 38) mettent en évidence une interdépendance élevée entre la perception du stress et les émotions négatives. Ces résultats semblent s'inscrire dans le modèle transactionnel du stress, selon lequel l'évaluation cognitive d'une situation déclenche des réactions émotionnelles correspondantes. Dans ce cas précis, les résultats du PSS, qui reflètent l'intensité de la perception des situations vécues comme dépassant les ressources de la personne et représentant une menace pour son bien-être, correspondent à un ensemble d'affects négatifs.

Tableau 38: Corrélations entre les et les échelles du E.N.P. et les résultats du PSS.
Les corrélations supérieures à | .50| sont en gras

	E.N.P.		
	Emotions Positives	Emotions Négatives	Surprise
PSS	-.12	**.66****	.12

Seuil de significativité : *p < .05, **p < .01

Groupes professionnels

Les analyses de corrélations par groupe professionnel montrent que la corrélation entre la perception du stress et les émotions négatives reste élevée pour chacune des trois groupes spécifiques. En outre, nous trouvons une corrélation négative significative entre la perception du stress et les émotions positives ($r = -.30$; $p < .001$) dans le groupe de pasteurs.

Nous avions déjà remarqué que pour ce groupe professionnel, la sphère émotionnelle semble exercer une influence particulière sur l'ensemble des variables mesurées.

15.2. Modèles de prédiction

Pour aller plus avant dans la comparaison de ces deux variables, nous avons réalisé une série de régressions linéaires afin de prédire les résultats du PSS à l'aide des échelles de l'E.N.P., et inversesment. Cette approche permet de vérifier si les éléments cognitifs issus de la perception des situations peuvent rendre compte des réactions émotionnelles.

Régressions linéaires

Nous avons dans un premier temps cherché à expliquer les états affectifs par la perception du stress. Les résultats de l'analyse de régression effectuée (cf. tableau 39) montrent que la perception du stress ne contribue pas de manière significative à l'explication des émotions positives et de la surprise. Par contre, nous constatons que les émotions négatives ont un lien particulier avec la perception du stress. En effet, la perception du stress semble constituer un bon prédicteur du déclenchement des émotions négatives, puisque le PSS explique 44% de la variance totale de l'échelle des émotions négatives.

Tableau 39: Résultats de l'étude de régression permettant de prédire les échelles de l'E.N.P. à partir du PSS

E.N.P.	β	t	p
Emotions Positives			
PSS	-.12	-1.78	.07
R^2	.01		< .001
Emotions Négatives			
PSS	.66	13.57	< .001
R^2	.44		< .001
Surprise			
PSS	.12	1.83	.07
R^2	.01		< .001

En ce qui concerne les équations de régression visant à prédire la perception du stress à partir des affects (cf. tableau 40), nous constatons que le PSS entretient un lien particulièrement fort avec l'échelle des émotions négatives et dans une moindre mesure avec celles des émotions positives. Le modèle de prédiction fourni par la régression linéaire avec la méthode «stepwise» retient ces deux échelles (N et P) qui expliquent 47% de la variance du score du PSS. L'application de la méthode «enter» confirme que l'échelle de Surprise ne contribue pas de manière significative à la prédiction de la perception du stress.

D'une manière générale, nous constatons une correspondance élevée entre le niveau de stress perçu et les émotions négatives ressenties au travail sur une durée d'un mois. Ces résultats confirment l'interdépendance entre les processus cognitifs et les réactions émotionnelles qui correspondent aux différentes phases du modèle transactionnel du stress.

Tableau 40: Résultats de l'étude de régression permettant de prédire les résultats du PSS à partir des échelles de l'E.N.P.

PSS	β	t	p
Emotions Négatives	.69	13.93	< .001
Emotions Positives	-.21	-4.21	< .001
R^2	.47		< .001

16. Liens entre le style de coping et les émotions au travail

16.1. Etudes de corrélations

Population globale

Dans l'objectif d'étudier les relations entre le style de coping et les émotions, nous avons effectué des analyses de corrélations entre ces deux variables (cf. tableau 41). Les résultats de ces analyses mettent en évidence une forte correspondance entre le coping centré sur les émotions et les émotions négatives.

Tableau 41: Corrélations entre les échelles du E.N.P. et les résultats du PSS

| E.N.P. | CISS | | |
	Tâche	Emotions	Evitement
Emotions Positives	.14*	-.22**	.14*
Emotions Négatives	-.19**	**.50****	.01
Surprise	.08	-.004	.17**

Seuil de significativité: *p < .05; **p < .01. Les corrélations supérieures à |.30| sont en gras

D'autre part, nous constatons que la centration sur les émotions est corrélée négativement avec les émotions positives. Enfin, ces analyses mettent en évidence le type d'émotions concernées par le style d'ajustement centré sur la tâche, puisque la dimension T est corrélée positivement avec les émotions positives et négativement avec les émotions négatives. D'une manière générale, ces résultats semblent confirmer que les conduites d'ajustement centrés sur les émotions ont un effet défavorable sur la composante émotionnelle des réactions face au stress, alors que les conduites centrées sur la tâche ont un effet favorable sur ces mêmes réactions.

Groupes professionnels

Nous avons effectué des analyses corrélationnelles séparées pour chaque groupe professionnel. Ces analyses mettent en évidence des configurations différentes et spécifiques pour chaque groupe, ce qui nous amène à nuancer les résultats trouvés pour l'ensemble de la population. Les corrélations pour les pompiers vaudois montrent que les styles de coping centrés sur la tâche et sur l'évitement sont indépendants des émotions, alors que seul le lien entre le coping centré sur les émotions et les affects négatifs est significatif ($r = .46$; $p < .001$). En ce qui concerne les pasteurs et les pompiers genevois, nous constatons toujours une corrélation élevée entre les affects négatifs et la centration sur émotions, mais relevons également une corrélation négative entre ce style de coping (E) et les émotions positives (SIS-GE: $r = -.42$; $p = .007$; EERV: $r = -.35$; $p < .001$). Enfin, pour le groupe des pasteurs, nous trouvons des corrélations faibles mais significatives entre le coping centré sur la tâche et les émotions positives et négatives.

16.2. Modèles de prédiction

Régressions linéaires

Nous avons réalisé une série de régressions linéaires afin de prédire les émotions par le biais des styles d'ajustement au stress. Les résultats de ces analyses (cf. tableau 42) montrent que les émotions négatives entretiennent un lien particulier avec le style de coping centré sur les émotions, et dans une moindre mesure, un lien négatif avec le style centré sur la tâche. Les deux styles de coping retenus pour le calcul des équations de régression (méthode *stepwise*) expliquent 26% de la variance des émotions négatives. D'autre part les analyses de régression visant à prédire le style de coping à partir des émotions (cf. tableau 43) mettent également en évidence un lien fort entre le coping centré sur les émotions et les affects négatifs, ainsi que le lien inversé avec les affects positifs déjà mis en évidence par les études corrélationnelles. Le modèle de prédiction montre que les états affectifs permettent d'expliquer 35% de la variance du style de coping centré sur les émotions. D'une manière générale, les différentes analyses confirment la forte interdépendance entre le coping centré sur les émotions et l'affectivité négative.

Tableau 42: Composantes des équations de régression qui prédisent les émotions au travail (E.N.P.) à partir des styles de coping (CISS)

E.N.P.	β	t	p
Emotions Positives			
Centration sur les émotions	-.28	-4.22	< .001
Evitement	.19	2.92	.004
R^2	.09		
Emotions Négatives			
Centration sur les émotions	.48	8.26	< .001
Centration sur la tâche	-.13	-2.22	.03
R^2	.26		
Surprise			
Evitement	.18	2.77	.006
R^2	.03		

Tableau 43: Composantes des équations de régression qui prédisent les styles de coping
(CISS) à partir des émotions au travail (E.N.P.)

CISS	β	t	p
Tâche			
Emotions Négatives	-.23	-3.48	.001
Emotions Positives	.17	2.61	.01
R^2	.07		
Emotions			
Emotions Négatives	.55	10.07	< .001
Emotions Positives	-.29	-5.37	< .001
R^2	.35		
Evitement			
Surprise	.17	2.60	.01
R^2	.03		

Dans leur conceptualisation théorique des styles de coping, les auteurs
(Endler & Parker, 1990 ; Endler, Parker & Rolland, 1998) définissent le
coping centré sur les émotions comme une série de réactions émotionnelles orientées vers la personne dans le but de réduire le stress. Or, ces
réactions peuvent avoir un effet négatif sur la tentative d'ajustement au
stress en induisant au contraire un état de bouleversement et de tension
émotionnelle. Les résultats exposés ci-dessus semblent valider une correspondance à priori évidente entre certains items du CISS («Me tracasser
à propos de mes problèmes», «Me reprocher de m'être mis(e) dans une
telle situation») et des émotions négatives décrites dans l'inventaire E.N.P.
(anxiété, découragement, culpabilité).

17. Liens entre le style de coping et la perception du stress

L'objectif dans cette partie est de mettre en lien deux phases du modèle
transactionnel du stress, soient les phases d'évaluation et d'ajustement.
La première phase est représentée par la perception du stress (PSS), alors
que la seconde se reflète dans le style de coping (CISS). Pour effectuer la
comparaison des deux variables, nous avons procédé à une analyse de
corrélation suivie d'une série d'analyses de régressions.

17.1. Etudes de corrélations

Les résultats des analyses corrélationnelles montrent une corrélation positive élevée entre la perception du stress et le coping centré sur les émotions ($r = .63$; $p < .01$) ainsi qu'une corrélation négative entre la perception du stress et le coping centré sur la tâche ($r = -.29$; $p < .01$). Ces résultats mettent bien en évidence la forte relation entre la centration sur les émotions et les indicateurs de stress, relation qui a par ailleurs été relevée dans des études sur la validité concourante de l'inventaire CISS (Rolland, 1998). Les corrélations calculées pour chaque groupe séparément ne permettent pas de relever des caractéristiques spécifiques aux corps professionnels.

17.2. Modèles de prédiction

Régressions linéaires

Afin de continuer la comparaison entre ces deux variables, nous avons cherché, par une série de régressions linéaires, à prédire les styles de coping à partir du niveau de stress perçu (tableau 44) et inversément (tableau 45).

Tableau 44: Résultats des équations de régression qui prédisent le style de coping (CISS) à partir de la perception du stress (PSS)

Style de coping	β	t	p
Tâche			
PSS	-.29	-4.69	< .001
R^2	.08		
Emotions			
Perception du stress	.63	12.63	< .001
R^2	.40		

A travers ces analyses, nous relevons une forte contribution du score du PSS à la prédiction du style de coping centré sur les émotions, puisque ce score permet d'expliquer 40% de la variance de l'échelle E du CISS. D'autre part, nous constatons également que le lien négatif entre le coping centré sur la tâche et la perception du stress, qui était mis en évidence par les études corrélationnelles, est ici confirmé par la droite de régression.

Tableau 45: Résultats des équations de régression qui prédisent la perception du stress (PSS) à partir du style de coping (CISS)

Perception du stress	β	t	p
Coping centré sur les émotions	.61	12.29	< .001
Coping centré sur la tâche	-.21	-4.25	< .001
R^2	.44		

Globalement, ces résultats montrent qu'une perception intense du stress est accompagnée de stratégies de coping centrées sur les émotions, ce qui s'inscrit bien dans le cadre de notre modèle théorique. En effet, le modèle transactionnel suppose une interaction circulaire entre la phase d'évaluation et celle d'ajustement. Or le PSS a été appliqué afin d'obtenir le résultat de l'évaluation secondaire, lors de laquelle le sujet évalue ses ressources pour faire face à une situation problématique. En d'autres termes, il semble que si le sujet estime ne pas pouvoir répondre aux exigences de la situation professionnelle (ce qui correspond à un score élevé au PSS), il aura moins tendance à tenter une maîtrise active de la dite situation (ce qui correspond au coping centré sur la tâche), et aura recours à la régulation des émotions, voire se laissera submerger par celles-ci (ce qui correspond au coping centré sur les émotions). D'autre part, l'on peut supposer qu'un sujet ayant habituellement recours à des stratégies centrées sur les émotions, qui ont un effet défavorable sur l'ajustement au stress, aura tendance à percevoir un contrôle limité sur les situations stressantes.

18. Liens entre la satisfaction de la vie et la satisfaction professionnelle

L'objectif ici est de mettre en lien nos variables résultantes du modèle, c'est-à-dire la satisfaction de la vie et la satisfaction professionnelle. Nous nous attendons à une correspondance élevée entre ces deux variables, étant donné que les deux inventaires SWLS et JOBSAT rendent compte de la même variable avec un niveau de finesse et de spécificité différents. En effet, le SWLS est un indicateur visant l'évaluation de la satisfaction de vie générale, alors que le JOBSAT focalise le sujet sur des aspects spécifiques à la vie professionnelle.

18.1. Etudes de corrélations

Comme attendu, nous trouvons des corrélations très élevées entre les résultats du SWLS, et les deux facettes, ainsi que le score total du JOBSAT.

Tableau 46: Corrélations entre les et les échelles du JOBSAT et les résultats du SWLS

	JOBSAT		
	Intrinsèque	Extrinsèque	Totale
SWLS	**.51****	**.54****	**.58****

Seuil de significativité : *p < .05, **p < .01

18.2. Modèles de prédiction

Régressions linéaires

Les équations de régression soulignent également la correspondance élevée entre les résultats des deux questionnaires de satisfactions utilisées. En effet, les résultats du SWLS contribuent à l'explication de 34% du niveau de satisfaction professionnelle. Les résultats de ces équations figurent dans le tableau 47.

Tableau 47: Résultats de l'étude de régression visant à prédire la satisfaction professionnelle à partir du bien-être subjectif

JOBSAT	β	t	p
Satisfaction Intrinsèque			
SWLS	.51	9.18	< .001
R^2	.26		< .001
Satisfaction Extrinsèque			
SWLS	.54	9.69	< .001
R^2	.29		< .001
Satisfaction Totale			
SWLS	.58	10.74	< .001
R^2	.34		< .001

19. Liens entre la satisfaction de la vie et les déterminants individuels et situationnels

L'objectif ici est d'étudier le lien entre les déterminants individuels (personnalité) et situationnels (conditions professionnelles), et l'évaluation de la satisfaction de la vie. Pour ce faire, nous avons calculé dans un premier temps les corrélations entre les résultats du *Satisfaction With Life Scale* (SWLS), les dimensions de la personnalité (NEO-FFI-R) et les conditions professionnelles (JCQ). L'ensemble de ces corrélations figure dans le tableau 48. Dans un second temps, une série de régressions linéaires nous a permis de mettre en évidence un modèle de prédiction du bien-être subjectif à partir des conditions préalables.

19.1. Etudes de corrélations

Population globale

L'analyse des corrélations met en évidence une interaction fortement négative entre la dimension de Névrosisme et la satisfaction, ainsi qu'un lien positif entre la dimension de Conscience et la satisfaction. Dans une moindre mesure, les dimensions d'Extraversion et d'Agréabilité semblent contribuer à l'augmentation du niveau de satisfaction. Ces résultats vont dans le sens de nos hypothèses théoriques. En effet, le rôle du Névrosisme en tant que facteur de vulnérabilité, et celui du caractère consciencieux comme facteur de protection avaient déjà été mis en évidence en ce qui concerne les phases d'évaluation cognitive (perception du stress), de réactions émotionnelles et de conduites d'ajustement au stress (coping). Ces deux dimensions semblent moduler de la même manière l'implication du stress dans l'évaluation de la satisfaction de la vie.

Tableau 48: Corrélations entre le bien-être subjectif (SWLS), les dimensions de la personnalité (NEO-FFI-R) et les caractéristiques professionnelles (JCQ) Les corrélations supérieures à $|.30|$ sont en gras

	NEO-FFI-R					JCQ	
	N	E	O	A	C	DP	LD
SWLS	**-.44****	.24**	-.09	.20**	**.32****	-.27**	**.32****

Note : N = Névrosisme ; E = Extraversion ; O = Ouverture ; A = Agréabilité ; C = Conscience ; DP = Demande Psychologique ; LD = Latitude Décisionnelle. Seuil de significativité : *p < .05, **p < .01

D'autre part, alors que nous avions constaté que les conditions environnementales «objectives» n'exerçaient que peu d'effets sur les processus internes du stress, c'est-à-dire les réactions cognitives, émotionnelles et comportementales, il semble qu'elles aient un impact plus conséquent sur le
niveau de bien-être subjectif. En effet, la Latitude Décisionnelle entretient
un lien positif et la Demande Psychologique un lien négatif avec le bien-
être. Ces résultats suggèrent qu'une intervention visant l'amélioration des
conditions d'exercice de l'activité professionnelle, notamment par la modération des charges psychologiques et l'augmentation de la sphère d'autonomie des travailleurs, peut avoir un impact positif sur le bien-être de
ceux-ci.

19.2. Modèles de prédiction

Régressions linéaires

Les équations de régression calculées avec la méthode «stepwise» montrent que les variables préalables retenues contribuent à l'explication de
30% de la variance du bien-être subjectif (tableau 49).

La variable qui contribue le plus fortement à la prédiction est, comme
attendu, le Névrosisme, suivi des deux dimensions des conditions professionnelles, et de la dimension de Conscience.

Tableau 49: Résultats de l'étude de régression visant à prédire la satisfaction de la vie

SWLS	β	t	p
Névrosisme	-.28	-4.41	< .001
Latitude Décisionnelle	.23	4.04	< .001
Demande Psychologique	-.17	-2.98	.003
Conscience	.17	2.85	.01
R^2	.30		< .001

20. Liens entre la satisfaction de la vie et les conduites individuelles

L'objectif ici est d'étudier la relation entre le niveau de satisfaction des répondants et les différentes conduites mises en œuvre face aux situations stressantes, c'est-à-dire les réactions cognitives (PSS), émotionnelles (E.N.P.) et comportementales (CISS). Pour ce faire, nous avons calculé dans un premier temps les corrélations entre les résultats du *Satisfaction With Life Scale* (SWLS) et les résultats des trois instruments sus-mentionnés. L'ensemble de ces corrélations figure dans le tableau 50. Dans un second temps, une série de régressions linéaires nous ont permis de mettre en évidence un modèle de prédiction de la satisfaction de la vie à partir des différentes phases du processus.

20.1. *Etudes de corrélations*

Population globale

Les résultats des analyses corrélationnelles mettent en évidence des liens significatifs entre le bien-être subjectif et les trois phases du processus représentées par les réactions cognitives, émotionnelles et comportementales. Nous constatons que la perception du stress entretient un lien particulier avec la satisfaction de la vie. Ce constat montre une interdépendance entre deux types d'évaluations ou de jugement cognitifs. En effet, l'évaluation individuelle de situations professionnelles en termes de ressources disponibles pour y faire face (perception du stress) semble influencer une évaluation plus globale en termes de satisfaction générale. En ce qui concerne l'impact des émotions, nous relevons que les affects positifs entretiennent un lien positif et les affects négatifs un lien négatif avec le bien-être. Afin d'augmenter la finesse de notre mise en lien, nous avons calculé des corrélations séparées entre le bien-être et chacune des 6 émotions de base qui constituent les facettes positives et négatives de l'émotionnalité. Les résultats montrent que la plus forte correspondance concerne l'émotion de Joie ($r = .48$; $p < .001$), suivie de la Tristesse ($r = -.39$; $p < .001$), la Colère ($r = -.30$; $p < .001$), la Peur ($r = -.30$; $p < .001$), la Honte ($r = -.30$; $p < .001$), et enfin l'Amour ($r = .26$; $p < .001$). Il est intéressant de relever ici que, même si les émotions négatives influencent la perception globale en matière de satisfaction vis-à-vis de la vie professionnelle, la plus forte contribution à cette perception est celle de l'affectivité positive. Ceci souligne la nécessité d'évaluer les composantes émotionnelles positives pour mieux appréhender le concept de «bien-être» dans sa globalité, alors que la majorité des recherches dans ce domaine focalisent sur la détresse psychologique et l'affectivité négative, comme l'anxiété et la dépression (Rolland, 2001).

Tableau 50: Corrélations entre la satisfaction (SWLS), le style de coping (CISS), la perception du stress (PSS) et les émotions (E.N.P.)
Les corrélations supérieures à $|.30|$ sont en gras

	PSS	E.N.P.			CISS		
		Emo-P	Emo-N	Emo-S	T	E	A
SWLS	-.41**	.41**	-.36**	.10	.15*	-.33**	.03

Note : T = centration su la Tâche ; E = centration sur les Emotions ; A = Evitement ; Emo-P = Emotions Positives ; Emo-N = Emotions Négatives. Emo-S = Surprise. Seuil de significativité : *p < .05, **p < .01

Enfin, en ce qui concerne les comportements habituels mis en œuvre pour s'adapter au stress, nous relevons une corrélation négative élevée entre la centration sur les Emotions et le bien-être subjectif. Il semble dés lors que cette catégorie de coping, qui nous l'avons déjà dit, a un effet «défavorable» sur le processus d'ajustement au stress, exerce également une influence néfaste sur le niveau de satisfaction générale. Notons enfin que la mise en œuvre de stratégies de coping centrés sur la tâche contribue positivement à l'évaluation de la satisfaction globale.

20.2. Modèles de prédiction

Régressions linéaires

Nous avons calculé les équations de régression permettant de prédire la satisfaction à partir des réactions cognitives, émotionnelles et comportementales (tableau 51). L'application de la méthode «stepwise» procure un modèle de prédiction qui inclue les 3 variables contribuant de manière significative à la prédiction de notre variable dépendante (SWLS). L'étude plus détaillée des différentes étapes de calcul des modèles de prédiction montre que le pouvoir de prédiction de la variable «perception du stress» (qui est pourtant le plus fort contributeur à ce modèle) est amoindri par l'introduction de la variable «Emotions Négatives». Nous pouvons expliquer ceci par le fait que la perception du stress et l'affectivité négative sont fortement corrélées ($r = .66$; $p < .01$), et dès lors la part de prédiction de la variable dépendante est partagée parmi ces deux variables indépendantes.

Tableau 51: Résultats de l'étude de régression visant à prédire le bien-être subjectif à partir des conduites individuelles

SWLS	β	t	p
Perception du stress	-.15	-1.95	.05
Emotions positives	.41	7.00	< .001
Emotions négatives	-.31	-3.92	< .001
R^2	.33		< .001

Globalement, nous constatons que, comme nous l'avions relevé par le biais des études de corrélation, le bien-être subjectif entretient un lien significatif avec la perception du stress et les affectivités positive et négative. Le coefficient de correspondance (R^2) montre que ces trois variables expliquent 33% de la variance du bien-être subjectif. Ces résultats montrent que l'évaluation globale de satisfaction vis-à-vis de la vie professionnelle interagit fortement avec le résultat de l'évaluation par le sujet de ses capacités à affronter les situations problématiques (PSS), ainsi qu'avec les réactions émotionnelles qui en découlent (E.N.P.). En comparaison avec les composantes cognitives et affectives des conduites face aux situations stressantes, les réactions comportementales d'ajustement au stress (CISS) semblent entretenir un lien plus modéré avec l'évaluation de la satisfaction.

21. Liens entre la satisfaction professionnelle et les déterminants individuels et situationnels

Après avoir étudié l'interaction entre les déterminants individuelles et situa-tionnels, et la satisfaction de la vie, nous avons cherché à mettre en lien ces conditions préalables avec la satisfaction professionnelle. Pour ce faire, nous avons calculé dans un premier temps les corrélations entre les résul-tats du JOBSAT, les dimensions de la personnalité (NEO-FFI-R) et les conditions professionnelles (JCQ). Dans un second temps, une série de régression linéaires nous ont permis de mettre en évidence un modèle de prédiction des composantes de la satisfaction professionnelle à partir des conditions préalables.

21.1. Etudes de corrélations

Population globale

L'ensemble des corrélations entre les deux échelles Intrinsèque et Extrin-sèque du JOBSAT, ainsi que le score Total, et les contingences individuelles et environnementales figure dans le tableau 52. En ce qui concerne les conditions professionnelles, nous relevons une corrélation élevée entre l'échelle de Latitude Décisionnelle et la satisfaction Intrinsèque, ainsi que la satisfaction Totale. D'autre part, il existe un lien négatif entre la De-mande Psychologique et la satisfaction Extrinsèque, ce lien étant mainte-nu avec le score Total. Globalement, ces résultats semblent confirmer le modèle *Demand/Control*, puisque nous remarquons qu'une situation de travail caractérisée par une combinaison de Demande Psychologique éle-vée et de Latitude Décisionnelle modérée correspond à une satisfaction professionnelle faible.

Tableau 52: Corrélations entre la satisfaction professionnelle (Jobsat), la personnalité (NEO-FFI-R) et les conditions professionnelles (JCQ)
Les corrélations supérieures à | .30 | sont en gras

Jobsat	NEO-FFI-R					JCQ	
	Névrosisme	Extraversion	Ouverture	Agréabilité	Conscience	Demande Psychologique	Latitude Décisionnelle
Intrinsèque	-.35**	.23**	.10	.20**	.21**	-.13*	.56**
Extrinsèque	-.32**	.22**	-.13*	.09	.16*	-.34**	.22**
Total	-.36**	.24**	-.02	.15*	.22**	-.25**	.44**

Note : Seuil de significativité : *p < .05, **p < .01

De manière plus détaillée, nous remarquons une répartition des corrélations entre les deux dimensions du JCQ et les deux facettes de la satisfaction professionnelle. Nous avions vu que l'échelle Intrinsèque reflète le sentiment des sujets quant à la nature même des tâches professionnelles dont ils s'acquittent et leur satisfaction quant aux opportunités qu'offre leur travail, à travers des items qui évaluent la possibilité pour les personnes d'être réellement actives, de réaliser un travail seule, ou d'utiliser leurs compétences et aptitudes. Or nous remarquons que cette échelle est logiquement liée à la Latitude Décisionnelle qui évalue la possibilité pour le sujet d'exercer un certain contrôle sur son travail, d'être créatif et d'utiliser ses compétences. Enfin, la satisfaction Intrinsèque est fortement corrélée aux deux sous-échelles de la Latitude Décisionnelle, soient celles de Contrôle sur la tâche ($r = .50$; $p < .001$) et d'Utilisation des qualifications ($r = .43$; $p < .001$). La composante Extrinsèque de la satisfaction vise les conditions-cadres de la situation professionnelle, notamment les conditions d'engagement et la sécurité de l'emploi, le soutien de la part des supérieurs ou l'attitude de la direction. Cette composante entretien un lien négatif avec l'échelle de Demande Psychologique, qui mesure la perception par le sujet de la quantité et de l'intensité du travail qu'il doit fournir.

En ce qui concerne les traits de personnalité, nous remarquons encore le rôle central de la dimension de névrosisme en tant que facteur de vulnérabilité dans l'ajustement aux contraintes professionnelles, ce qui se traduit par un lien négatif avec la satisfaction professionnelle. D'autre part, les dimensions d'Extraversion et de Conscience semblent avoir un effet favorable sur la satisfaction du sujet vis-à-vis de son travail.

21.2. *Modèles de prédiction*

Régressions linéaires

Nous avons calculé des équations de régression calculées avec la méthode
« stepwise » afin de déterminer les variables des conditions préalables qui
permettent de prédire la satisfaction professionnelle de manière significative. Les composantes de ces équations (tableau 53) montrent que les variables préalables retenues contribuent à l'explication de 31% de la variance de la satisfaction Totale, de 37% de celle de la facette Intrinsèque et
de 24% de celle de la facette Extrinsèque.

Tableau 53:   Résultats de l'étude de régression visant à prédire la satisfaction professionnelle
à partir des contingences (personnalité et caractéristiques professionnelles)

JOBSAT	β	t	p
Intrinsèque			
Latitude Décisionnelle	.50	9.05	< .001
Névrosisme	-.23	-4.20	< .001
R^2	.37		< .001
Extrinsèque			
Demande Psychologique	-.33	-5.65	< .001
Extraversion	.21	3.45	.001
Latitude Décisionnelle	.20	3.31	.001
Ouverture	-.18	-2.99	.003
R^2	.24		< .001
Total			
Latitude Décisionnelle	.36	5.99	< .001
Névrosisme	-.17	-2.55	.01
Demande Psychologique	-.20	-3.23	.001
Extraversion	.12	1.99	.05
R^2	.31		< .001

Les relations spécifiques établies par les études corrélationnelles entre les
différentes facettes de la satisfaction professionnelle et les conditions préalables semblent également se confirmer à travers les études de régression.
D'une manière générale, il est intéressant de remarquer que, même si les
caractéristiques individuelles (personnalité) ont une influence sur le jugement des sujets quant à leur satisfaction professionnelle, la plus forte con-

tribution à ce jugement semble toute fois provenir des conditions environnementales. Il semble dès lors que le modèle *Demand/Control*, utilisé pour
décrire les caractéristiques objectives du travail, soit un bon prédicteur du
niveau de satisfaction professionnelle. De plus, la prise en compte des
caractéristiques individuelles permet d'augmenter l'adéquation de cette
prédiction.

22. Liens entre la satisfaction professionnelle et les conduites individuelles

Afin d'étudier le lien entre les différentes composantes des conduites mises
en œuvre face aux situations stressantes, c'est-à-dire les réactions cognitives (PSS), émotionnelles (E.N.P.) et comportementales (CISS), et le niveau de satisfaction professionnelle, nous avons calculé dans un premier
temps les corrélations entre les échelles du JOBSAT et les résultats des trois
instruments susmentionnés. Dans un second temps, une série de régressions
linéaires nous ont permis de mettre en évidence un modèle de prédiction de
la satisfaction professionnelle à partir des différentes phases du processus.

22.1. Etudes de corrélations

Les corrélations entre les échelles Intrinsèque et Extrinsèque, et le score
Total du JOBSAT d'une part, et des résultats du CISS, du PSS et de l'inventaire E.N.P. d'autre part figurent dans le tableau 54. Les résultats
mettent en évidence que l'évaluation cognitive des situations problémati-
tiques est fortement liée au jugement des sujets en matière de satisfaction
professionnelle. En effet, la perception du stress entretient une corrélation
négative importante avec les deux facettes du JOBSAT, ainsi qu'avec le
score total de cet instrument. Ces résultats confirment ceux déjà trouvés
pour le bien-être subjectif.

En ce qui concerne les réactions émotionnelles, nous constatons que la
corrélation la plus importante avec le niveau de satisfaction concerne les
affects positifs. Nous avons également calculé des corrélations spécifiques

entre la satisfaction professionnelle et chacune des émotions de base (Joie, Tristesse, Colère, Peur, Honte, Amour). Comme attendu, nous trouvons que le lien le plus important est entretenu avec l'émotion de Joie ($r = .35$; $p < .001$), suivie de la Tristesse ($r = -.30$; $p < .001$).

Tableau 54:   Corrélations entre la satisfaction professionnelle (JOBSAT), le style de coping (CISS), la perception du stress (PSS) et les émotions (E.N.P.) Les corrélations supérieures à $|.30|$ sont en gras

JOBSAT	PSS	E.N.P.			CISS		
		Emo-P	Emo-N	Emo-S	T	E	A
Intrinsèque	**-.33****	**.36****	-.21**	.09	.15*	**-.30****	.06
Extrinsèque	**-.35****	.23**	-.24**	.03	-.01	-.18**	.07
Totale	**-.37****	**.31****	-.25**	.05	.07	-.25**	.06

Note : T = centration su la Tâche ; E = centration sur les Emotions ; A = Evitement ; Emo-P = Emotions Positives ; Emo-N = Emotions Négatives. Emo-S = Surprise. Seuil de significativité : $*p < .05$, $**p < .01$

Nous constatons également que les émotions positives sont nettement plus liées à la facette Intrinsèque de la satisfaction, alors que les émotions négatives interagissent légèrement plus avec la facette Extrinsèque. En nous référant à la répartition de ces corrélations sur les six émotions de base, nous pouvons apporter une nuance supplémentaire : la Honte est plus fortement corrélée avec la facette Intrinsèque, comme si cette émotion négative était tournée contre soi, alors que la Colère et la Tristesse sont plus liées à la facette Extrinsèque. Enfin, en ce qui concerne les conduites d'ajustement au stress, nous relevons que le coping centré sur les émotions entretient un lien négatif avec la satisfaction professionnelle, et que ce lien est plus important en ce qui concerne la facette Intrinsèque.

22.2. Modèles de prédiction

Régressions linéaires

Les composantes des équations de régression calculées figurent dans le tableau 55. Les composantes des droites de régression montrent que la perception du stress et les émotions positives rendent compte de 20% de la variance de la satisfaction Totale.

Tableau 55: Résultats de l'étude de régression visant à prédire la satisfaction professionnelle
à partir des réactions individuelles

JOBSAT	β	t	p
Satisfaction Intrinsèque			
Emotions Positives	.39	6.15	< .001
Emotions Négatives	-.29	-4.56	< .001
R^2	.21		< .001
Satisfaction Extrinsèque			
Perception du stress	-.38	-5.62	< .001
Emotions Positives	.23	3.55	< .001
Centration sur la Tâche	-.16	-2.34	.02
R^2	.19		< .001
Satisfaction Totale			
Perception du stress	-.33	-5.04	< .001
Emotions Positives	.27	4.15	< .001
R^2	.20		< .001

L'étude des modèles de prédiction des deux facettes de la satisfaction permet de nuancer et de spécifier ce résultat global. En effet, nous constatons
que le meilleur prédicteur de la satisfaction Intrinsèque est l'affectivité
(Positive et Négative), alors que pour la satisfaction Extrinsèque, les
meilleurs prédicteurs, dans l'ordre de leurs contribution, sont la perception du stress, les affects positifs et, dans une certaine de mesure, le coping
centré sur la tâche.

23. La correction d'atténuation des erreurs de mesure

Le tableau 56 récapitule l'ensemble des corrélations de Pearson mises en
évidence entre les variables étudiées. Toutefois, il est important de spécifier
que les corrélations calculées offrent une estimation de la véritable relation
entre les variables mises en lien, mais que toute tentative de mesure d'une
variable indirectement observable (et c'est le cas lorsque l'on s'intéresse
à des phénomènes psyhologiques) est soumise à une marge d'erreur. En
effet, les coefficients de corrélation de Pearson (r_{xy}) traduisent la relation

entre deux variables mesurées x et y, qui contiennent des erreurs aléatoires de mesure.

Or les erreurs de mesure atténuent la relation statistique observée entre deux variables (Worthen, White, Fan & Sudweeks, 1999). En d'autres termes, la corrélation observée est moins élevée que celle entre les valeurs «réelles» de x et y (dénuées d'erreurs de mesure). Dans ce sens, il est essentiel d'évaluer les indices de fiabilité des scores, et de choisir des instruments de mesure aux qualités psychométriques éprouvées, afin d'éviter une interprétation erronée des relations entre les entités observées (Crocker & Algina, 1986). Crocker et Algina (1986) soulignent que la corrélation entre les valeurs «réelles» de x et y ne peut être directement obtenu à travers les valeurs mesurées. Il existe toutefois une méthode pour la correction de l'atténuation due aux erreurs de mesures, basée sur la formule théorique suivante (Muchinsky, 1996; Nunnally & Bernstein, 1994):

$$r'_{xy} = \frac{r_{xy}}{\sqrt{r_{xx}\sqrt{r_{yy}}}}$$

Dans cette formule, r'_{xy} représente la corrélation corrigée et r_{xx} et r_{yy} les coefficients de fiabilité de mesure des variables. Nous avons systématiquement appliqué cette formule aux corrélations observées, et l'ensemble des corrélations corrigées figure dans le tableau 57. Comme attendu, nous observons que la correction d'atténuation augmente la force des corrélations, sans pour autant remettre en question le sens des interprétations que nous avons faites des relations entre les données.

Pour ce qui est de l'estimation de la taille de l'effet, nous renvoyons le lecteur aux conventions proposées par Cohen (1988), qui estime qu'une corrélation de .10 correspond à un effet de «petite» taille, qu'une corrélation de .30 correspond à un effet «moyen», et qu'une corrélation de .50 traduit un effet de «grande» taille.

Tableau 56: Récapitulation de l'ensemble des corrélations observées avant la correction d'atténuation

	NEO-FFI-R					JCQ		PSS	CISS			E.N.P.			SWLS	JOBSAT
	N	E	O	A	C	DP	LD		T	E	A	P	N	S		
NEO-FFI-R																
Névrosisme (N)		**-.33**	**.17**	-.16	**-.36**	**.28**	**-.23**	**.70**	**-.18**	**.70**	.10	**-.26**	**.62**	-.02	**-.44**	**-.36**
Extraversion (E)			.02	**.20**	**.33**	.09	**.21**	**-.20**	**.21**	**-.26**	.11	**.30**	**-.19**	**.18**	**.24**	**.23**
Ouverture (O)				**.25**	-.12	.08	**.22**	**.18**	.12	**.13**	**.17**	**.13**	**.19**	**.19**	-.09	-.02
Agréabilité (A)					.10	-.07	**.23**	-.10	.06	**-.15**	.03	**.28**	-.10	.05	**.20**	.15
Conscience (C)						-.08	.13	**-.47**	**.47**	**-.36**	-.01	**.13**	**-.34**	.02	**.32**	**.22**
JCQ																
Dem. Psych. (DP)							-.01	**.41**	-.001	**.19**	-.01	-.11	**.25**	.00	**-.27**	**-.25**
Lat. Déc. (LD)								-.16	**.23**	-.16	.01	**.27**	-.15	.07	**.32**	**.44**
PSS									**-.29**	**.63**	.04	-.12	**.66**	.12	**-.41**	**-.37**
CISS																
Tâche (T)										-.12	.07	.14	**-.19**	.08	.15	.07
Emotions (E)											**.20**	**-.22**	**.50**	-.004	**-.33**	**-.25**
Evitement (A)												.14	.01	**.17**	.03	.06
E.N.P.																
Emo Positives (P)													.13	**.51**	**.41**	**.31**
Emo Négatives (N)														**.37**	**-.36**	**-.25**
Surprise (S)															.10	.05
SWLS																**.58**
JOBSAT																

Note: DP = Demande Psychologique ; LD = Latitude Décisionnelle. Les corrélations significatives à p < .01 sont en gras

Tableau 57: Récapitulation de l'ensemble des corrélations après la correction de l'atténuation

	NEO-FFI-R					JCQ		PSS	CISS				E.N.P.		SWLS	JOBSAT
	N	E	O	A	C	DP	LD		T	E	A	P	N	S		
NEO-FFI-R																
Névrosisme (N)		**-.41**	**.23**	**-.22**	**-.49**	**.33**	**-.32**	**.88**	**-.21**	**.80**	.12	**-.30**	**.70**	-.02	**-.51**	**-.42**
Extraversion (E)			.03	**.27**	**.42**	.13	**.28**	**-.25**	**.26**	**-.31**	.14	**.37**	**-.23**	**.24**	**.30**	**.28**
Ouverture (O)				**.38**	-.16	.12	**.31**	**.24**	.16	**.17**	**.22**	**.17**	**.24**	**.27**	-.12	-.03
Agréabilité (A)					.14	-.11	**.33**	-.14	.08	**-.20**	.04	**.38**	-.13	.07	**.27**	**.20**
Conscience (C)						-.11	.16	**-.55**	**.55**	**-.42**	-.01	**.15**	**-.39**	.03	**.38**	**.26**
JCQ																
Dem. Psych. (DP)							-.01	**.56**	-.001	**.27**	-.01	-.15	**.33**	.00	**-.37**	**-.34**
Lat. Déc. (LD)								-.20	**.28**	-.19	.01	**.33**	-.18	.09	**.40**	**.54**
PSS									**-.33**	**.72**	.05	-.14	**.74**	.15	**-.48**	**-.43**
CISS																
Tâche (T)										-.13	.08	.16	**-.21**	.10	.17	.08
Emotions (E)											.23	**-.25**	**.55**	-.005	**-.38**	**-.29**
Evitement (A)												.16	.01	**.19**	.03	.07
E.N.P.																
Emo Positives (P)													.14	**.63**	**.48**	**.36**
Emo Négatives (N)														**.46**	**-.41**	**-.28**
Surprise (S)															.13	.06
SWLS																**.67**
JOBSAT																

Note: DP = Demande Psychologique ; LD = Latitude Décisionnelle. Les corrélations significatives à p < .01 sont en gras

IX. Discussion et conclusion

L'objectif central de ce travail est d'étudier le stress professionnel en tant qu'un processus complexe et dynamique qui rend compte de l'interaction de l'individu et de son environnement. Dans ce sens, nous avons suivi les recommandations de Rolland (1999) qui à travers une analyse des différents modèles prédominants de l'étude du stress, souligne l'importance d'élargir le champ des variables habituellement envisagées dans ce domaine. L'auteur suggère notamment la prise en compte des régularités individuelles, des conditions environnementales, et de l'ensemble des réactions situationnelles pour mieux rendre compte de la complexité du processus psychologique étudié. Ainsi, nous avons cherché à examiner les liens entre les caractéristiques individuelles et environnementales d'une part, et les réactions individuelles impliquées dans le processus de stress d'autre part. Pour ce faire, nous avons étudié une population constituée de deux groupes professionnels, pour lesquels nous avons récolté des informations concernant les différences individuelles (personnalité) et les différences environnementales (exigences du travail, niveau d'autonomie du travailleur). Dans un premier temps, ces éléments seront discutés, afin de dresser une description différentielle et spécifique des deux groupes professionnels considérés. Dans un second temps, nous allons présenter nos observations quant aux composantes cognitives, comportementales et émotionnelles des sujets face aux situations stressantes. Il sera alors possible de constater l'impact respectif des contingences individuelles et environnementales sur le processus de stress, tel que décrit par le modèle transactionnel.

1. Les déterminants individuels

Les résultats du questionnaire NEO-FFI-R semblent montrer l'existence de profils de personnalité spécifiques aux groupes professionnels. En effet, sur les cinq dimensions du modèle à cinq facteurs (*Five Factor Model*,

Graphique 1 : Profils de personnalité des groupes professionnels.

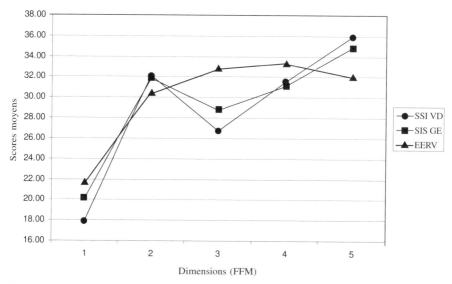

Note : 1 = Névrosisme ; 2 = Extraversion ; 3 = Ouverture ; 4 = Agréabilité ; 5 = Conscience

Digman, 1990 ; Peabody & Goldberg, 1989), nous trouvons systématiquement des différences entre les pompiers et les pasteurs, alors que les deux
groupes de pompiers ne se différencient pas de manière significative. Le
graphique 1 présente les profils de personnalité par groupe professionnel,
avec les scores moyens sur les cinq dimensions du modèle utilisé. D'une
manière générale, les pasteurs obtiennent des scores plus élevés aux dimensions de Névrosisme, d'Extraversion et d'Agréabilité, alors qu'ils af-
fichent un score moins élevé en ce qui concerne la dimension de Conscience. Tenant compte du fait que la population de pasteurs présente des
caractéristiques sociodémographiques sensiblement différentes de celles
des deux autres groupes, notamment en ce qui concerne l'âge moyen ($M =$
46.4 ; $SD = 8.64$, contre $M = 38.6$; $SD = 8.36$ et $M = 38.2$; $SD = 9.51$ pour
les deux autres groupes), et la répartition des sexes (34.2% de sujets féminins, contre 3.8% et 4.3% pour les deux autres groupes), nous avons cherché à déterminer s'il existe un lien entre ces variables sociodémographiques
et les différences observées au niveau des profils de personnalité. Les résultats des ANCOVAs montrent que seule la différence observée sur la
dimension d'Agréabilité peut être attribuée au sexe, les femmes obtenant
en moyenne un score plus élevé que les hommes sur cette dimension.

Globalement, les différences significatives mises en évidence au niveau des dispositions individuelles des membres des corps professionnels étudiés semblent renvoyer à un concept abondamment étudié dans le champ de la psychologie vocationnelle : celui de la « personnalité professionnelle » (Astin & Holland, 1961 ; Bolles, 1998 ; Devinat, 1999 ; Holland, 1959 ; 1997 ; Walsh, 1973). L'objet d'étude fondamental de ce domaine est l'interaction Personne-Environnement dans le contexte professionnel, à travers l'étude des caractéristiques individuelles (notamment les aptitudes, les valeurs, les intérêts et la personnalité) d'une part et des caractéristiques de l'environnement professionnel d'autre part (Tinsley, 2000 ; Tyler, 1995 ; Walsh, Craik & Price, 2000). Selon les théories prédominantes dans ce domaine, le choix vocationnel implique l'interaction entre un ensemble de traits de personnalité et les exigences de l'environnement professionnel (Holland, 1997 ; Tyler, 1995). A travers cette interaction, l'individu évalue le niveau de renforcement et de satisfaction procuré par un environnement professionnel donné en fonction de la congruence entre les patterns environnementaux et les patterns individuels (Spokane, 1985 ; Spokane, Meir & Catalano, 2000). Cette congruence détermine le choix vocationnel dans un premier temps, et à plus long terme, la longévité, le succès et la satisfaction professionnels.

2. Les déterminants situationnels

Le bien-être des travailleurs dépend non seulement de la charge de travail dont ils doivent s'acquitter, mais aussi de la liberté d'action et le niveau de contrôle dont ils disposent dans les situations professionnelles rencontrées. Karasek et Theorell (1990) ont conceptualisé l'interaction entre ces deux caractéristiques de la situation professionnelle (Demande Psychologique et Latitude Décisionnelle) dans leur modèle *Demand-Control* (Karasek, 1979 ; Karasek et al., 1998 ; Karasek & Theorell, 1990 ; De Jonge & Kompier, 1997). Dans ce modèle, le concept de contrôle, également dénommé « Latitude Décisionnelle », est composé de deux facettes : le « Contrôle sur la tâche » *(Decision Authority)* qui traduit la liberté de décider de la façon de réaliser un travail, et « l'Utilisation des qualifications » *(Skill Discretion)* qui rend compte du niveau de créativité requise et des opportunités d'exploiter les compétences et habiletés personnelles (Karasek et al., 1985; Karasek et al., 1998). Quant aux exigences du travail, elles sont conceptualisées par la «Demande Psychologique» qui rend compte de la charge psychologique (concentration intense pendant de longues périodes), de la quantité de travail, du rythme et des contraintes temporelles. L'hypothèse centrale de ce modèle est que la tension psychologique induite par le travail *(Job Strain)* est à son apogée dans un environnement professionnel qui combine de fortes exigences à une autonomie décisionnelle faible (Karasek, 1979; 1997; Karasek & Theorell, 1990; Karasek et al., 1998). Dans un environnement moins contraignant, la perception de contrôle contribue au maintien de la santé et du bien-être, même dans des situations difficiles et exigeantes (Levine et Ursin, 1991). Dans ce travail, nous avons appliqué ce modèle aux environnements professionnels étudiés, afin de mettre en évidence leurs caractéristiques en termes d'exigences et de possibilité de contrôle pour les travailleurs. L'analyse des résultats montre que les environnements professionnels se différencient sur les deux aspects envisagés. En effet, nous observons que les pasteurs perçoivent en moyenne une plus grande charge psychologique due au travail (Demande Psychologique) que les pompiers, cette différence étant significative avec les pompiers vaudois. Néanmoins, les pasteurs estiment également qu'ils bénéficient dans leur travail d'une plus grande liberté d'action (Latitude Décisionnelle) que les deux groupes de pompiers, cette différence étant assez importante et provenant principalement du paramètre «Contrôle sur la tâche»: ce résultat confirme l'hypothèse *H1.1*. Le graphique 2 représente la répartition des sujets appartenant aux différents groupes professionnels en fonction des dimensions du modèle de Karasek.

Si l'on se réfère au modèle appliqué, il semble que l'environnement de travail des pasteurs, en comparaison avec celui des pompiers, présente des caractéristiques plus propices (combinaison demandes-autonomie élevées) au maintien du bien-être et de la satisfaction. Nous avons cherché à mettre en lien ces contingences environnementales, en supposant notamment que la Latitude Décisionnelle devrait constituer une ressource organisationnelle pour l'individu face au stress. Il est vrai que le modèle de Karasek, dont les variables constitutives (exigences, contrôle) sont considérées comme indépendantes, se veut «objectif». Toutefois, Karasek (1979; 1985) préconise le recours à un questionnaire d'auto-évaluation, et donc par définition sujet à la subjectivité du répondant, pour obtenir une mesure «objective» des caractéristiques de l'environnement. La question de la validité

Graphique 2: Répartition des sujets appartenant aux différents groupes professionnels en fonction des dimensions du modèle de Karasek (Karasek & Theorell, 1990)

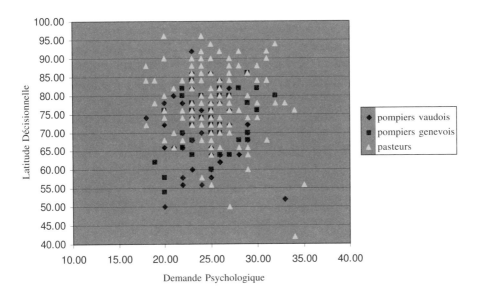

d'une telle mesure, compte tenu du biais d'auto-description *(Self Report Bias)* est au centre d'un débat intense et controversé. De nombreux auteurs supposent en effet que la description des caractéristiques de l'environnement professionnel obtenue par un auto-questionnaire est en fait une évaluation cognitive affectée par des caractéristiques individuelles telles que les dimensions de la personnalité ou encore des variables sociodémographiques (Brief et al., 1988; Ganster & Schaubroeck, 1991; Judge et al., 1998; Munz et al., 1996; Robinson & Webster, 1988; Rolland, 1999; Williams et al., 1996). Pour vérifier le bien-fondé de ces critiques, nous avons donc cherché à mettre en lien cette description de la réalité professionnelle avec la personnalité des répondants.

Globalement, les corrélations entre les dimensions de la personnalité et les caractéristiques psychosociales du travail sont faibles (< .30), ce qui nous permet de confirmer la pertinence de prendre en compte cette mesure des caractéristiques environnementales, en addition de celle des traits individuels dans le cadre de notre travail. En effet, il semble que la perception des caractéristiques professionnelles n'est pas entièrement prédisposée par les caractéristiques individuelles stables. Nous pouvons supposer que les résultats du JCQ, conformément aux postulats du modèle sous-jacent (Karasek, 1979; 1985; Karasek et al., 1998; Karasek & Theorell, 1990), nous procurent effectivement des informations additionnelles et indépendantes sur les caractéristiques «objectives» de la situation de travail. Il va de soi que, s'agissant d'un questionnaire d'auto-évaluation, la perception des situations vécues est dans une certaine mesure «teintée» par les prédispositions individuelles. Nous remarquons que, parmi les cinq dimensions mesurées, le Névrosisme entretient la plus forte correspondance avec les contraintes psychosociales du travail. En effet, il semble que les sujets qui présentent des scores élevés sur cette dimension ont tendance à percevoir une plus grande charge psychologique et une sphère d'autonomie plus faible dans l'exercice de leurs fonctions. D'autre part, nous constatons une certaine correspondance entre les dimensions de l'Extraversion, l'Ouverture et l'Agréabilité, et la Latitude Décisionnelle. Certains auteurs ont critiqué le recours aux questionnaires d'auto-évaluation pour mesurer les stresseurs professionnels. Par exemple, Spector et Jex (1991) trouvent une correspondance limitée entre la perception individuelle des employés et les mesures obtenues par une analyse du travail conduite par des experts indépendants. L'idée centrale ici est que le recours à l'auto-administration augmente l'association entre la description des stresseurs et d'autres mesures subjectives de bien-être *(Common Method Bias).* Pourtant, comme le soulignent Frese et Zapf (1988), l'avis des experts est également sujet aux biais de la perception, et dès lors, le recours aux auto-évaluations relève d'un choix méthodologique qui présupposent des avantages et des limites. D'autre part, il semble que l'importance de l'écart entre l'auto-évaluation et l'hétéro-évaluation dépend de l'échelle considérée.

Toutefois, les études de régression que nous avons effectuées montrent que, conformément à d'autres résultats sur ce sujet (Burke, Brief & George, 1993; Ganster & Schaubroek, 1991; Judge et al., 1998; Munz et al., 1996; Schroeder & Costa, 1984), le Névrosisme et l'Extraversion contribuent dans une certaine mesure à la prédiction de la charge psychologique perçue (34% de la variance expliquée). Nous pouvons donc affirmer que le Névrosisme affecte la perception et la description des événements stressants, ce qui est cohérent avec la définition même de cette dimension qui traduit une tendance à percevoir et à ressentir la réalité comme menaçante, problématique et pénible (Costa, McCrae & Rolland, 1998). En ce qui concerne l'autonomie perçue et la capacité de contrôle, l'influence des traits individuels semble moins importante.

Enfin, nous avons également cherché à contrôler l'effet des variables sociodémographiques (sexe, âge, ancienneté professionnelle) sur la description des caractéristiques professionnelles. Nous constatons un lien entre l'âge et la sous-échelle «Contrôle sur la tâche», dans le sens que les sujets plus âgés semblent percevoir plus d'influence sur l'exécution des tâches professionnelles. D'autre part, Les résultats des analyses de corrélations mettent en évidence une corrélation négative entre l'ancienneté et la sous-échelle «Utilisation des qualifications». Ces corrélations sont faibles, mais permettent de spéculer sur un éventuel effet de plafond du à la longévité professionnelle. En effet, on peut interpréter ces liens par le fait que, avec l'âge et l'accumulation de l'expérience professionnelle, nos sujets se sentent de plus en plus qualifiés et compétents, donc plus «maîtres» des situations rencontrées, mais estiment en parallèle que leur travail manque de variété et qu'ils ne peuvent pas exploiter l'ensemble de leurs compétences à leur juste valeur. Nous relevons également un lien entre le sexe et la perception de la Latitude Décisionnelle. Comparées aux hommes, les femmes semblent considérer qu'elles bénéficient d'une plus grande autonomie dans leur travail et qu'elles ont plus de contrôle sur les tâches qu'elles effectuent. Nous pouvons expliquer cela par le fait que la majorité des femmes de notre population appartiennent au groupe des pasteurs, et comme nous l'avons vu précédemment, ce groupe a des scores plus élevés sur les deux dimensions citées. En contrôlant l'effet de ces variables sociodémographiques (sexe, âge et ancienneté), nous constatons que la configuration des caractéristiques environnementales des groupes professionnels est maintenue.

Nous avons également réalisé une série de régressions afin d'estimer la part de variance des dimensions de l'environnement professionnelle que les caractéristiques sociodémographiques permettent d'expliquer. Globalement, les coefficients R^2 mis en évidence sont faibles (5% pour DP et 9% pour LD), ce qui semble confirmer les résultats d'une étude de Schwartz, Pieper et Karasek (1988), qui relèvent que les variables démographiques (âge, sexe) rendent compte de 7% et la différence culturelle de 5% de la variance des échelles du JCQ.

3. L'interaction Personne – Environnement

Nos hypothèses postulent l'existence d'un lien entre les conduites spécifiques mises en œuvre dans les situations stressantes et les patterns stables
de conduite *(H2)*. Conformément aux résultats de travaux ultérieurs (Brief
et al., 1988; Burke et al., 1993; Costa & McCrae, 1987; Miller, Griffin &
Hart, 1999; Moyle, 1995; Moyle & Parkes, 1999; Munz et al., 1996;
Parkes, 1990; Rolland, 1999; 2002; Spector & O'Connell, 1994; Terry,
1994; Young & Corsun, 1999), nous supposons que les dimensions de la
personnalité entretiennent un lien significatif avec les conduites mises en
œuvre face aux situations problématiques, et jouent un rôle médiateur dans
l'interaction de la personne avec les situations problématiques. Plus précisément, nous avons cherché à démontrer que l'affectivité négative (Névrosisme) constitue un facteur de vulnérabilité dans la rencontre avec le
stress, alors que la dimension de Conscience y joue un rôle protecteur.

D'autre part, nous avons également postulé que les caractéristiques
psychosociales de l'environnement professionnel influencent également
le processus de stress psychologique et ses implications pour le bien-être
individuel *(H3)*. Dans ce sens, nous avons utilisé le *Demand-Control*
(Karasek, 1979; Karasek & Theorell, 1990) afin de conceptualiser et mesurer deux aspects du travail, à savoir la charge mentale (Demande Psychologique) et la sphère d'autonomie du travailleur (Latitude Décisionnelle).
Nous allons discuter ici des rôles respectifs des caractéristiques de la personne et de l'environnement, ainsi que de leurs effets, immunogènes ou
pathogènes, sur la réaction du sujet aux situations stressantes.

4. L'évaluation cognitive

Au niveau de la perception du stress et de l'évaluation des ressources disponibles pour faire face aux exigences des situations professionnelles, nous
avons relevé une différence entre les groupes. En effet, dans l'échantillon
étudié, les pasteurs rapportent un plus grand niveau de stress perçu. De
plus, nos résultats montrent que le niveau de stress perçu semble augmenter avec l'âge, mais également avec l'ancienneté professionnelle (voir page

78). Il est intéressant de noter que ces liens vont à l'encontre d'une approche intuitive de cette problématique, qui voudrait que le développement de la maturité et l'acquisition de l'expérience professionnelle aient un effet modérateur sur la perception du stress. Or les recherches montrent que les liens entre l'âge et la détresse psychologique sont complexes. Pour clarifier ce point, Ivancevich et Matteson (1980) proposent une distinction entre l'âge chronologique, qui représente le nombre d'années de vie, et l'âge physiologique, qui dépend du nombre et de l'intensité des épisodes stressants que l'individu a vécu pendant ce temps. Il s'avère donc que l'âge chronologique seul ne suffit pas à rendre compte de la capacité à faire face au stress. Ne disposant pas de données biographiques pour rendre compte de toute la complexité liée à l'âge, nous pouvons néanmoins avancer une explication. On peut considérer que l'âge est naturellement lié à l'état général de santé, et les recherches montrent en général que les individus en bonne santé physique sont plus aptes à faire face au stress que ceux souffrant de problèmes physiques. Dans ce sens, nos résultats confirment ceux mis en évidence par Wall et son équipe (1997) qui, dans une étude portant sur une large population, trouvent que les sujets jeunes jouissent d'un meilleur état de santé psychologique. D'autres études montrent que le bien-être psychologique est moins élevé pour les sujets d'âge moyen (35 à 44) que pour les sujets plus jeunes ou plus âgés (Buck et al., 1994 ; Warr, 1992). Nous pouvons également avancer une autre hypothèse explicative de l'impact de l'âge sur la perception du stress professionnel. On peut supposer que l'âge des sujets est un indicateur fiable de la fin de leur formation professionnelle et de la date de leur entrée en fonction. Dès lors, et en considérant l'évolution constante et rapide du contexte professionnel (cf. chapitre II), il est vraisemblable de postuler que la formation suivie par les sujets plus âgées n'est plus tout à fait adaptée aux réalités professionnelles actuelles, et que ces sujets se sentent parfois démunies faces à des situations qui n'étaient pas d'actualité à l'époque de leur formation. Dans ce sens, une offre de formation continue, visant à l'actualisation et au développement des compétences professionnelles, pourrait aider l'individu dans sa tentative d'adaptation aux situations professionnelles complexes.

4.1. Les déterminants individuels : Névrosisme vs Conscience

En ce qui concerne le lien entre les dimensions de la personnalité et l'évaluation cognitive des situations stressantes, les analyses effectuées confirment nettement nos attentes (Hypothèse *H2.1.*). En effet, les corrélations élevées mises en évidence montrent bien qu'un score élevé sur la dimension de Névrosisme correspond à un niveau élevé de stress perçu, alors que la dimension de Conscience entretient un lien négatif avec le niveau de perception de stress, ce qui est en conformité avec les résultats issus de la littérature (Brief et al., 1988 ; Moyle & Parkes, 1999 ; Rolland, 1999 ; 2002). Dans une moindre mesure, la dimension d'Extraversion contribue à diminuer la perception du stress (Moyle, 1995 ; Moyle & Parkes, 1999 ; Parkes, 1986). Dans ce sens, le calcul des équations de régression montre qu'une combinaison de ces trois dimensions (Névrosisme élevé, Extraversion et Conscience faibles) contribue de manière conséquente à prédire un type d'évaluation cognitive qui conduit au sentiment de ne pas être en mesure de faire face aux exigences de la situation professionnelle.

4.2. Les déterminants situationnels : Charge vs Contrôle

Afin de vérifier l'hypothèse *H3*, nous avons cherché à mettre en évidence le lien entre les caractéristiques professionnelles et la perception du stress. Dans ce sens, nous constatons une corrélation élevée entre le stress perçu et l'échelle de Demande Psychologique, ainsi qu'un lien négatif avec la Latitude Décisionnelle. Ces liens semblent confirmer l'hypothèse *H3.1.* qui postule qu'une situation caractérisée par de fortes exigences et une faible possibilité de contrôle induit une tension psychologique sur le travailleur, et étayent également les résultats d'autres travaux dans ce domaine (Mikkelsen, Saksvik, Eriksen & Ursin, 1999 ; Karasek & Theorell, 1990 ; Ursin, 1988 ; Levine & Ursin, 1991). Les résultats des analyses de régression confirment cette correspondance logique entre deux mesures qui *a priori* rendent compte de la même réalité, mais sous des regards différents : une mesure «objective» et une mesure «subjective» des stresseurs. En effet, le *Job Content Questionnaire* reflète la description des exigences et des ressources qui caractérisent l'environnement de travail, alors que le *Perceived Stress Scale* met en lumière la signification «construite» et personnelle de cet environnement, dont l'issue est le sentiment subjectif de pouvoir ou non répondre aux exigences des situations professionnelles. Enfin, dans une moindre mesure, nous remarquons aussi un lien entre la perception du stress et la sous-échelle Utilisation des qualifications, ce qui suggère qu'une situation de travail qui ne permet pas à l'opérateur d'exploiter ses compétences à leur juste valeur est source de stress.

D'une manière générale, ces résultats montrent que, face à une situation qui le soumet à une grande charge professionnelle tout en lui offrant une liberté d'action limitée, le sujet a tendance à se sentir démuni. A l'inverse, un environnement qui procure au sujet le pouvoir de contrôle et de décision sur le processus de travail contribue au développement de l'expectative de maîtrise des situations rencontrées. Dans un tel environnement, les exigences sont perçues comme des défis et des opportunités de développement personnel plutôt que des menaces (Levine & Ursine, 1991 ; Karasek & Theorell, 1990 ; Karasek et al., 1998 ; Ursin, 1988).

5. Les conduites d'ajustement au stress

5.1. Les déterminants organisationnels : La culture d'entreprise

Conformément à notre première hypothèse, nous trouvons des différences significatives entre les groupes professionnels en ce qui concerne les conduites habituelles d'ajustement au stress. Plus précisément, l'hypothèse *H1.2.* stipule que le style de coping centré sur la tâche est plus prédominant parmi les pompiers que dans le groupe de pasteurs. En effet, la comparaison des groupes professionnels montre que la seule différence significative au niveau des styles de coping concerne précisément les stratégies centrées sur la tâche. Plus précisément, nos résultats confirment que, d'une manière générale, les pompiers ont plus systématiquement recours à des stratégies actives de résolution de problèmes que les pasteurs, et font moins appel à le régulation émotionnelle que ceux-ci, cette différence étant particulièrement importante lorsque l'on considère les pompiers genevois. Ces résultats vont dans le même sens que ceux mis en évidence dans d'autres études sur le stress des pompiers (Ponnelle, 2003 ; 1998), mais corroborent également les résultats de recherches effectuées dans des contextes professionnels proches, notamment celui des policiers (Evans et al., 1993).

Nous avons vu que, à la différence des stratégies défensives, les stratégies de coping sont conscientes, intentionnelles et apprises, puisque issues de l'interaction de l'individu avec un environnement donné (Haan,
1965; Endler & Parker, 1995). D'autre part, toute organisation de travail
produit et promeut une culture, c'est-à-dire «un système de valeurs et de
normes, un système de pensée, de représentation et d'action» (Aubert &
Pagès, 1989, p. 60). Dès lors, s'agissant du choix individuel des stratégies
d'ajustement au stress professionnel, plusieurs auteurs n'excluent pas l'influence, voir le conditionnement de la culture organisationnelle (Brief &
George, 1995; Harris, 1995; Newton, 1989). Fort de ce constat et conformément aux résultats de recherches ultérieures (Ponnelle, 2003; Hodgkinson, 1990), on peut estimer qu'en ce qui concerne les pompiers, la culture
institutionnelle valorise les stratégies actives et les tentatives de maîtrise,
alors que l'expression émotionnelle est découragée, voir réprimée. Ceci
n'est évidemment pas le cas dans l'environnement professionnel des pasteurs, où, comme dans toute profession de relation d'aide, une place privilégiée est réservée à l'introspection, à l'écoute et à la communication des
émotions.

5.2. *Les déterminants situationnels: Charge vs Contrôle*

Nous avons également cherché à expliquer le pattern de coping distinctif
des pasteurs par d'autres variables du modèle, notamment les conditions
environnementales. Le coping centré sur la tâche peut être défini comme
un effort en vue d'éliminer ou de moduler la source de stress. Or, on peut
estimer que la tentative de maîtrise active des situations problématiques
est tributaire d'une ressource environnementale essentielle: l'autonomie
dont dispose le travailleur pour faire face aux exigences professionnelles.
En effet, l'une des hypothèses du modèle *Demand-Control* (*Active Learning Hypothesis*, Karasek & Theorell, 1990) postule que la liberté de décision *(Decision Authority)* et la possibilité de contrôle de l'activité *(Skill
Discretion)* constituent des facteurs facilitateurs et renforçateurs de l'approche active de résolution de problèmes. L'apprentissage et la mise en
œuvre de comportements adaptatifs efficaces sont optimaux dans un environnement qui pose des exigences à l'individu tout en lui laissant une
sphère d'autonomie décisionnelle. Dans un tel environnement, les exigences sont perçues comme des défis et des opportunités de développement

personnel plutôt que des menaces (évaluation cognitive), et l'individu se sent libre de choisir la meilleure stratégie pour maîtriser les problèmes rencontrés (coping), ce qui a un impact positif sur l'estime de soi et le bien-être psycholgique (Karasek & Theorell, 1990; Levine & Ursine, 1991). Partant de cette modélisation de l'environnement professionnel, nous pouvons présupposer que le recours moins fréquent à des stratégies actives de coping par les pasteurs résulte du fait qu'ils disposent d'une autonomie moins élevée dans leur travail. Pour vérifier ce point, nous avons étudié les deux dimensions des conditions professionnelles qui sont évaluées par le *Job Content Questionnaire* (JCQ). L'analyse de variance de ces résultats révèle effectivement des différences entre les groupes en ce qui concerne la Demande Psychologique (DP) et la Latitude Décisionnelle (LD), ainsi que pour la sous-échelle Contrôle sur la tâche. Pourtant, cette différence ne s'exprime pas dans le sens attendu. Une comparaison des moyennes des groupes montre que, même si les pasteurs perçoivent en moyenne une plus grande charge psychologique due au travail que les pompiers, ils estiment néanmoins bénéficier dans leur travail d'une plus grande autonomie décisionnelle (LD) que les deux groupes de pompiers. Cette différence est importante et provient principalement du paramètre de Contrôle sur la tâche. Ces résultats, confirmés par ceux des études de corrélations et de régressions, vont à l'encontre d'une interprétation théorique du lien entre la Latitude Décisionnelle et le coping centré sur la tache, et semblent indiquer une faiblesse du modèle *Demand-Control*. Il semble, dès lors, que la prise en compte exclusive des conditions «objectives» de travail n'est pas suffisante pour prédire et expliquer les comportements spécifiques mis en œuvre par le sujet dans sa tentative d'adaptation au situations stressantes.

5.3. *Les déterminants individuels: Névrosisme vs Conscience*

Finalement, lorsqu'il s'agit d'expliquer et de prédire les conduites habituelles d'ajustement au stress, nos résultats montrent que les contingences individuelles constituent la meilleure source d'information. Nous avons vu que dans cette étude, les stratégies habituelles de coping ont été évaluées et classifiées selon 3 catégories générales, soient la centration sur la tâche, la centration sur les émotions et l'évitement. Ces modes habituels d'ajustement, ou styles de coping, sont des indicateurs importants des réactions individuelles aux situations stressantes (Endler & Parker, 1990; Lazarus, 1995; 1992; Rolland, 2002). Parmi ces styles personnels, le coping orienté vers les émotions, de par une forte association avec des indicateurs de détresse psychologique (anxiété-dépression), de plaintes somatiques et de troubles de la santé, est considéré comme ayant un effet défavorable sur l'ajustement au stress (Endler, Parker & Rolland, 1998).

D'autre part, plusieurs études mettent en évidence les relations entre les dimensions de la personnalité et les styles de coping (Rolland, 1999; 2002; Watson & Hubbard, 1996; Vollrath et al., 1995). Conformément aux résultats de ces travaux, et en accord avec l'hypothèse *H 2.3.*, nous trouvons un lien élevé entre la dimension de Névrosisme et le style de coping centré sur les émotions. Cette dimension semble effectivement re-présenter un facteur de vulnérabilité en ce qui concerne les réactions au stress, et contribue de manière importante à prédire le recours à des com-portements (centrés sur les émotions) qui ont un effet défavorable sur le processus d'ajustement au stress.

La forte association entre le Névrosisme et les conduites « inefficaces » d'ajustement au stress a souvent été observée (Bolger, 1990; Costa & McCrae, 1989; Endler, Parker & Rolland, 1998; Parkes, 1986; Ponelle, 1998; Rolland, 1997; Watson & Hubbard, 1996; Vollrath et al., 1995), puisque la plupart des études qui mettent en lien la personnalité et le co-ping focalisent sur les facteurs de vulnérabilité et les insuffisances indivi-duelles qui conduisent à la souffrance psychologique et physique. Par con-tre, peu d'études ont relevé le rôle protecteur de la dimension de Conscience dans le processus d'ajustement au stress (Miller, Griffin & Hart, 1999; Rolland, 2002; Young & Corsun, 1999), alors que Watson et Hubbard (1996) estiment qu'avec le Névrosisme, la Conscience représente l'un des deux traits essentiels du coping. Or, en accord avec le corpus empirique existant (Rolland, 1997; 1999; 2002; Watson & Hubbard, 1996; Vollrath et al., 1995), nous relevons que la dimension de Conscience entretient un lien positif important avec le coping centré sur la tâche et un lien négatif avec le coping centré sur les émotions. Ces résultats mettent en évidence le rôle immunogène du caractère consciencieux, qui prédit de manière conséquente la mise en oeuvre de comportements actifs et « efficaces » d'adaptation au stress, et une utilisation modérée des stratégies centrées sur les émotions.

Outre le rôle de ces deux dimensions « centrales », nous observons égale-ment que l'Extraversion est liée à la mise en œuvre des stratégies de co-ping. D'une manière générale, les corrélations mises en évidence entre l'Extraversion et le coping sont à l'opposé de celles concernant le Névrosisme, quoique de plus faible intensité. Ceci semble confirmer d'autres résultats qui suggèrent que l'Extraversion prédit une utilisation élevée de stratégies actives (McCrae & Costa, 1986; Rim, 1987; Vollrath et al., 1994) et un recours modéré à la centration sur les émotions (McCrae & Costa, 1986).

D'une manière globale, ces résultats confirment le rôle de la personnalité en tant que facteur contribuant dans une large mesure à la prédiction et à l'explication des modes individuels d'adaptation au stress. Plus précisément, et en conformité avec l'hypothèse *H2.3.*, nous constatons que le Névrosisme et la Conscience exercent un rôle respectivement pathogène et immunogène dans la phase d'ajustement au stress.

Il est vrai que, même s'ils ne nient pas l'influence des caractéristiques individuelles stables, les défenseurs du modèle transactionnel du stress (Lazarus, 1966; 1991; Lazarus & Folkman, 1984; Lazarus & Launier, 1978) mettent l'accent sur les aspects variables et contextuels du coping (Folkman & Lazarus, 1985; Lazarus & Folkman, 1984). Par conséquent, ces auteurs ont critiqué une approche structurale qui tendrait à décrire le coping en tant que mode de réaction ayant une stabilité trans-situationnelle (Folkman & Lazarus, 1985; Lazarus & Launier, 1978). Pourtant, si l'on accepte l'impact à long-terme des stratégies d'ajustement sur le bien-être psychologique, impact qui a été relevé à maintes reprises (Filipp et al., 1990; Scheier & Carver, 1985; Endler, Parker & Rolland, 1998), il paraît légitime et crédible de supposer une relative stabilité intra-individuelle de ces stratégies à travers le temps et les situations (Vollrath, Torgersen & Alnaes, 1995; Costa & McCrae, 1989; Parkes, 1986). Ainsi, en nous basant sur nos résultats et conformément à la littérature existante (Rolland, 2002; Parkes, 1986; 1994; Payne, 1988; Vollrath et al., 1995), nous pouvons postuler que les conduites spécifiques, constituées de stratégies cognitives, émotionnelles et comportementales, qui sont mises en œuvre par l'individu en réponse à des situations stressantes, ne sont pas indépendantes des patterns généraux et stables de conduite. En effet, l'observation de notre échantillon montre que les sujets dont le pattern général de conduite est caractérisé par une expérience chronique d'affects négatifs et une centration sur les difficultés et les échecs personnels (Watson & Clark, 1984), présentent une tendance à réagir au stress par une activité émotionnelle intense et des préoccupations personnelles (tension, bouleversement, anxiété, culpabilité, etc.). A l'opposé, une tendance générale qui traduit la volonté de contrôle de soi et de l'environnement, par le recours aux processus actifs de «planification, d'organisation et de mise à exécution des tâches»[6] (Costa, McCrae & Rolland, 1998, p. 17) permet de prédire des conduites en situation qui se caractérisent par le contrôle de l'hyperactivité émotionnelle, et des efforts orientés vers la tâche «pour résoudre le problème, le restructurer sur le plan cognitif ou pour tenter de modifier la situation»[7] (Endler, Parker & Rolland, 1998, p. 10).

Etant donnés les effets à long-terme des différentes stratégies de coping (Tâche vs Emotions) sur l'efficacité de l'ajustement et les conséquences au niveau du bien-être individuel, il sera intéressant de considérer le coping en regard des autres variables de notre modèle théorique, notamment l'évaluation cognitive, le bien-être émotionnelles, et l'évaluation de la satisfaction.

6. Le bien-être émotionnel

6.1. Les affects: Traits vs Etats

L'émotion est un état affectif qui traduit une expérience subjective et passagère du sujet face à un stimulus déclencheur, qui peut être de nature physique ou psychosocial (Meunier & Rolland, 2001; Keltner & Gross, 1999). Elle est à distinguer du trait affectif (ou style affectif), qui rend compte d'une tendance générale et trans-situationnelle de l'expérience d'émotions particulières (Lerner & Keltner, 2001), autrement dit de dispositions individuelles stables en la matière (Watson et al., 1999). Ces dispositions stables sont conceptualisées et décrites à travers les dimensions de la personnalité[8]. Ces définitions présupposent l'existence d'un

---

6   Extrait de la définition de la dimension de Conscience, d'après l'adaptation française du manuel du NEO-PI-R (Costa, McCrae & Rolland, 1998, p. 17).

7   Extrait de la définition du style de coping centré sur la tâche, d'après l'adaptation française du manuel du CISS (Endler, Parker & Rolland, 1998, p. 10).

8   Selon McCrae & Costa, cités par Rolland (2002), «Les traits de personnalité sont des dimensions décrivant des différences individuelles dans les tendances à manifester des patterns consistants de pensées, d'émotions et d'actions» (McCrae & Costa, 1990, p. 23)

lien entre les états affectifs et les dimensions de la personnalité, liens qui
ont été étudiés et mis en évidence par un vaste champ de recherche (Allik
& Realo, 1997; Canli et al., 2001; Costa & McCrae, 1984; Lucas & Fujita, 2000; McCrae & Costa, 1991; Moskowitz & Coté, 1995; Rolland &
De Fruyt, 2003; Watson et al., 1999; Watson & Clark, 1992). Les liens
les plus établis sont celui entre le Névrosisme et les émotions négatives
d'une part, et celui entre l'Extraversion et les émotions positives d'autre
part. Une dénomination alternative de ces dimensions est d'ailleurs «Affectivité négative» pour le Névrosisme, et «Affectivité positive» pour
l'Extraversion (Clark, 2000; Watson et Clark, 1984; Tellegen, 1985). Nous
relevons un lien conséquent entre le Névrosisme et les émotions négatives vécues au travail (corrélation corrigée $r = .70$), ainsi qu'entre l'Extraversion et les émotions positives, et dans une moindre mesure, des
liens inverses pour les valences contraires, ce qui correspond aux résultats issus de la littérature abondante dans le domaine (Allik & Realo, 1997;
Canli et al., 2001; Lucas & Fujita, 2000; McCrae & Costa, 1991; Rolland & DeFruyt, 2003; Watson et al., 1999). Afin d'avoir une lecture plus
fine de ces phénomènes, nous avons également étudié les corrélations
spécifiques pour chacune des six émotions discrètes de base (Colère,
Peur, Tristesse, Honte, Amour et Joie) qui constituent les deux échelles
de notre inventaire. Nous constatons que les corrélations entre les émotions distinctes et les styles affcctifs restent similaires à celles reportées
ci-dessus.

Parallèlement à ces correspondances «classiques» entre traits et états,
qui ont souvent été observées dans d'autres recherches, nos résultats mettent en évidence l'influence majeure de la dimension de Conscience sur
les réactions émotionnelles. En effet, nous trouvons un lien négatif élevé
entre la Conscience et les émotions négatives, et constatons qu'un tel lien
n'a été mis en avant que par un nombre limité d'études (McCrae & Costa,
1991; Watson & Clark, 1992). Concernant ce point, l'étude des caractéristiques propres aux groupes professionnels nous révèle une information
intéressante. Alors que pour l'ensemble de l'échantillon, la corrélation
entre la dimension de Conscience (C) et les émotions négatives est significative, ce n'est plus le cas pour les groupes professionnels considérés
séparément. En effet, cette corrélation reste significative seulement pour
le groupe des pasteurs, mais en ce qui concerne les deux groupes de pompiers, même si elle reste négative, cette corrélation n'est plus significative. Nous pouvons expliquer cela par la dispersion différente de la di-

mension de Conscience à l'intérieur des groupes professionnels. En effet, en ce qui concerne le résultat de cette dimension, les statistiques descriptives (cf. tableau 5) montrent des écarts-type sensiblement différents. Dès lors, nous pouvons avancer que l'hétérogénéité de la dispersion de cette dimension dans la population de pasteurs en fait un indicateur significatif de la différence au niveau des émotions négatives ressenties. Enfin, nous trouvons également une corrélation positive entre l'Agréabilité et les émotions positives, ce qui correspond aux conclusions d'autres travaux dans ce domaine (McCrae & Costa, 1991 ; Watson & Clark, 1992). Les études de régression montrent qu'une configuration multidimensionnelle de la personnalité, incluant le Névrosisme et la Conscience (avec une correspondance négative pour la Conscience), permet une prédiction conséquente de la fréquence des émotions négatives vécues au travail (40% de la variance expliquée). Ceci semble confirmer le rôle du Névrosisme en tant que facteur de vulnérabilité, et l'effet protecteur de la Conscience dans les réactions émotionnelles impliquées dans le processus de stress *(H2.2.)*. D'autre part, un réseau constitué de l'Extraversion, l'Agréabilité et la Stabilité Emotionnelle (vs Névrosisme) permet de prédire la fréquence des affects positifs.

6.2. *Les déterminants situationnels : Charge vs Contrôle*

Outre l'influence conséquente des déterminants individuels révélée ci-dessus, nous avons également cherché à mettre en lumière le lien entre les conditions «objectives» de l'environnement professionnel et le bien-être émotionnel. Les résultats de nos analyses montrent que la Latitude Décisionnelle est corrélée positivement avec les émotions positives et négativement avec les émotions négatives. En ce qui concerne la Demande Psychologique, nous relevons un lien avec les émotions négatives. Globalement, ces résultats confirment la logique du modèle *Demand-Control* (Karasek, 1979 ; Karasek & Theorell, 1990) qui sous-tend le questionnaire de Karasek, puisqu'une charge élevée de travail (en termes de quantité de travail, d'exigences mentales et de contraintes temporelles) correspond à une fréquence élevée d'émotions négatives ressenties par les travailleurs, alors que la possibilité pour le salarié d'exercer un certain contrôle sur le travail à réaliser semble lui procurer des émotions positives, voire réduire la fréquence des émotions négatives. En d'autres termes, et toujours selon les postulats de ce modèle, une situation de travail «à risque» en matière de stress professionnel, caractérisée par des demandes élevées et une possibilité limitée de contrôle (Karasek, 1979; 1981), nuit au bien-être émotionnel du travailleur. Toutefois, la part de la variance des états affectifs au travail expliquée à partir des conditions «objectives» des situations professionnelles est relativement faible (9%), surtout en comparaison avec le pouvoir de prédiction que procurent les caractéristiques individuelles.

D'une manière générale et au vu de ces résultats, tout porte à croire qu'une approche purement environnementale du stress professionnel, basée sur une causalité simple entre les exigences/ressources environnementales et les implications pour le bien-être individuel, ne rend compte de la complexité des mécanismes psychologiques impliqué dans le processus de stress que de manière très incomplète. Nous relevons ici le rôle important des patterns stable de conduites cognitives et émotionnelles, tels qu'ils sont décrits par les dimensions de la personnalité, comme théorie explicative des liens entre la perception des situations stressantes et les réactions émotionnelles.

6.3. De la primauté des cognitions au processus dynamique

L'avènement de la révolution cognitive a contribué à dépasser le paradigme comportementaliste et les modèles causalistes simples (stimulus-réponse), en mettant l'accent sur les réactions individuelles subjectives et les processus psychologiques complexes, jusque là confinés dans la «boîte noire». Pourtant, entre les années 1960 et 1980, le courant de psychologie cognitive s'est exclusivement consacré à l'étude des activités mentales impliquées dans l'interaction personne-environnement, à savoir les processus de traitement et de mémorisation de l'information, de perception des stimuli, de résolution de problèmes et de prise de décision, en écartant la dimension affective impliquée dans ces processus.

Ce n'est qu'à partir des années 80 que l'émotion fait progressivement son apparition dans le champ des sciences cognitives (Izard et al., 1984; Scherer & Ekman, 1984; Frijda, 1986; Mandler, 1984; Lazarus, 1991). Ainsi, comme le résument Watson & Clark (1997): «La psychologie a d'abord découvert le comportement, puis a appréhendé la cognition, et finalement dans les années 1980 a reconnu l'importance centrale des affects dans l'expérience humaine»[9]. Ce constat est particulièrement vrai lorsque l'on considère l'évolution des idées et des postulats dans le domaine de l'étude du stress. En effet, quelques travaux préliminaires (Arnold, 1960; Janis, 1958; Mechanic, 1962), et surtout les efforts systématiques de Lazarus et de son équipe (Lazarus, 1966; 1968; Lazarus et al., 1970) ont contribué à souligner l'importance de la médiation cognitive dans les réactions individuelles au stress. Les conceptualisations en termes de causalité entre stimulus et réponse ont peu à peu été abandonnées et les chercheurs se sont penchés sur l'évaluation cognitive *(appraisal)* des situations stressantes par le sujet. En ce qui concerne la dimension affective en jeu dans le stress, Lazarus (1982; 1993) relève la relation entre cognitions et émotions en postulant que l'expérience émotionnelle résulte de l'évaluation cognitive d'une situation donnée par la personne. Dans ce sens, Lazarus (1993) va jusqu'à considérer que le stress est une des nombreuses formes d'expérience émotionnelle, et que l'étude des émotions apporte une meilleure compréhension du processus de stress.

Nos résultats montrent une relation étroite entre l'évaluation cognitive des situations stressantes et les émotions vecues au travail. En effet, nous relevons une interaction massive entre la perception du stress et l'expérience d'affects négatifs, et constatons que le résultat de l'évaluation d'une situation problématique par le sujet constitue un prédicteur conséquent du déclenchement des émotions négatives, puisque le score du *Perceived Stress Scale* rend compte de 44% de la variance de l'échelle des affects négatifs. De plus, une analyse plus détaillée de ces résultats révèle que la perception du stress entretient non seulement un lien élevé avec toutes les émotions discrètes constitutives de l'échelle d'affects négatifs (Peur, Colère, Tristesse et Honte), mais aussi un lien négatif et significatif avec l'émotion de Joie, qui est l'une des deux émotions contribuant aux affects positifs. Pourtant, il serait illusoire de vouloir fixer le sens de l'interaction entre cognitions et émotions. Même si plusieurs auteurs soutiennent l'idée que la valence et l'intensité des états émotionnels sont influencées par des processus cognitifs d'évaluation (Lazarus, 1981; Mandler, 1983), le postulat d'une causalité linéaire et unilatétale entre cognitions et émotions est fortement contesté par ailleurs (Izard, 1993; Rolland, 1999; Zajonc, 1984).

---

9   «Psychology first discovered behaviour, then embraced cognition, and finally in the 1980's, recognized the central importance of affect in human experience» (Watson & Clark, 1997, cités par Rolland & De Fruyt, 2003).

Il serait plus opportun de considérer les interactions complexes entre les cognitions, les émotions et la personnalité comme étant circulaires et dynamiques, pour ne pas exclure l'hypothèse selon laquelle « *les affects puissent parfois précéder les cognitions dans la chaîne comportementale* » (Zajonc, 1984, p. 117). Dans ce sens, et malgré le postulat de primauté des cognitions sur les émotions de son modèle, Lazarus lui-même admet que « c'est une erreur de postuler que les sentiments précèdent les cognitions ou que les cognitions précèdent les émotions. La causalité est bidirectionnelle » [10].

6.4. Le rôle des conduites d'ajustement

Selon Lazarus (1993), le coping influence la relation personne-environnement et la manière dont celle-ci est évaluée par le sujet, et donc module l'ensemble des réactions cognitivo-émotionnelles face au stress. Nous avons cherché à étudier le lien entre le style de coping et les émotions vécues au travail, en postulant que le style caractérisé par la centration sur les émotions devrait être associé à l'expérience d'affects négatifs. Conformément à notre hypothèse *(H4.2.)*, les résultats mettent en évidence une correspondance élevée entre le coping centré sur les émotions et les affects négatifs ($r = .50$), ainsi qu'un lien négatif entre ce style d'ajustement et les affects positifs, ce qui correspond aux conclusions de travaux antérieurs (Rolland, 1998). Ces correspondances concernent l'ensemble des émotions discrètes de l'échelle d'affects négatifs (Colère, Peur, Tristesse et Honte), ainsi que l'émotion de Joie. D'autre part, Rolland (1998) postule que le style de coping centré sur la tâche est indépendant des émotions. Nos résultats montrent pourtant que, seulement en ce qui concerne le groupe de pasteurs, il existe des corrélations faibles mais significatives entre le coping centré sur la tâche et les émotions positives (corrélation positive) et négatives (corrélation négative).

D'une manière générale, les différentes analyses confirment que le style de conduite au stress caractérisé par la centration sur les émotions correspond à l'expérience d'affects négatifs. La conceptualisation théorique des styles d'ajustement définit le coping centré sur les émotions comme

---

10   « It is an error to postulate that feelings precede cognition or that cognition precedes
      emotion. Causality is bidirectional » (Lazarus & Folkman, 1984, p. 285).

une série de réactions émotionnelles orientées vers la personne dans le but
de réduire le stress (Endler & Parker, 1990; Endler, Parker & Rolland,
1998). Or, ces réactions peuvent avoir un effet négatif sur les tentatives de
régulation émotionnelle et d'ajustement au stress, en induisant au contraire un état de bouleversement et de tension émotionnelle. Les résultats
exposés ci-dessus semblent valider une correspondance à priori évidente
entre les comportements caractéristiques du style centré sur les émotions tel
qu'il est évalué par le CISS («Me tracasser à propos de mes problèmes»,
«Me reprocher de m'être mis dans une telle situation») et des émotions
négatives comme l'anxiété, le découragement ou la culpabilité.

7. Liens entre l'évaluation cognitive et le coping

Afin de vérifier l'hypothèse *H4.1.*, nous avons étudié les liens entre le
style d'ajustement au stress et le niveau de stress perçu. Conformément
aux résultats communiqués par Rolland (1998), nous trouvons une association massive (corrélation corrigée $r' = .72$; $p < .01$) entre la centration
sur les émotions et la perception du stress, ainsi que, dans une moindre
mesure, une corrélation négative entre la centration sur la tâche et la perception du stress. Nous avons cherché à évaluer la taille des effets constatés, puisque l'indice de significativité (p) est certes nécessaire, mais insuf-
fisant pour évaluer l'amplitude d'un effet ou la puissance d'une relation
observée (APA, 2002). En d'autres termes, la seule vérification du seuil
de significativité ne nous permet pas de rejeter l'hypothèse nulle (Fisher,
1949), selon laquelle la relation observée n'existe pas en réalité.[11] Dans ce
sens, Cohen (1988) décrit la puissance du test statistique d'une hypothèse
nulle comme la probabilité de rejeter à juste titre l'hypothèse nulle et de
conclure que le phénomène observé (ici une corrélation) existe bel et bien[12].
Or cette puissance dépend de trois paramètres, soient le critère de significativité, la taille de l'échantillon, et la taille de l'effet, c'est-à-dire l'am-

---

11   «The hypothesis that the phenomenon to be demonstrated is in fact absent» (Fisher,
      1949, p. 13).
12   «The power of a statistical test of a null hypothesis is the probability that it will lead to
      the rejection of the null hypothesis» (Cohen, 1988, p. 4).

pleur du phénomène observé (ici l'importance de la corrélation). En nous référant aux seuils de comparaison proposés par Cohen (1988), étant donnés le critère de significativité ($p = .01$), la corrélation considérée ici ($r' = .72$) et la taille de l'échantillon (n = 252), nous pouvons estimer que la taille de l'effet observé est importante (selon Cohen, une corrélation de .50 correspond à un indice de la taille de l'effet $d = .80$, qu'il désigne par *Large Effect Size*).

Ces résultats montrent que le mode adaptatif centré sur les émotions s'accompagne d'une perception intense des stresseurs. Si l'on considère que, comme le postule le modèle transactionnel du stress, ces deux phases du processus s'inscrivent dans une synergie dynamique, on peut interpréter ces données de deux manières. D'une part, lorsque le sujet évalue une situation comme incontrôlable et excédant ses ressources, il ne tentera pas une maîtrise active de la dite situation, mais aura recours à la régulation des émotions, voire se laissera submerger par celles-ci (Folkman & Lazarus, 1980; Carver, Scheier & Weintraub, 1989). D'autre part, l'on peut supposer qu'un sujet ayant habituellement recours à des stratégies centrées sur les émotions, qui ont un effet défavorable sur l'ajustement au stress, aura tendance à percevoir un contrôle limité sur les situations stressantes et reporter un nombre plus élevé de stresseurs. Enfin, il faut garder à l'esprit la forte association entre la centration sur les émotions et l'affectivité négative (Névrosisme), ainsi que les conséquence de cette dimension de la personnalité sur la perception des stresseurs (Schroeder & Costa, 1984; Burke, Brief & George, 1993).

8. La satisfaction

8.1. Les déterminats individuels et situationnels

Comme attendu, nous trouvons une association élevée entre les dimensions de la personnalité et l'évaluation individuelle de la satisfaction de la vie et de la satisfaction professionnelle. En effet, les analyses corrélationnelles mettent en évidence un lien fortement négatif entre la dimension de Névrosisme et le niveau de satisfaction, ainsi qu'un lien positif entre la dimension de Conscience et ce dernier. Dans une moindre mesure, les dimensions d'Extraversion et d'Agréabilité semblent contribuer à l'augmentation du niveau de satisfaction. Ces résultats vont dans le sens de nos hypothèses théoriques. En effet, nous avons déjà exposé le rôle du Névrosisme en tant que facteur de vulnérabilité, et celui du caractère consciencieux comme facteur de protection les différentes phases du processus de stress (évaluation cognitive, réactions émotionnelles et conduites adaptatives). Par conséquent, il nous semble naturel de constater que ces deux dimensions modulent de la même manière l'effet du stress sur le bien-être de l'individu.

D'autre part, nous constatons une correspondance élevée entre les contingences environnementales et le niveau de satisfaction, puisque la Latitude Décisionnelle entretient un lien positif et la Demande Psychologique un lien négatif avec la satisfaction de la vie. En ce qui concerne la satisfaction professionnelle, il est possible de réaliser une lecture plus fine de ces associations en considérant les deux facettes que le questionnaire JOB-SAT se propose de mesurer. En effet, nous relevons une corrélation élevée entre l'échelle de Latitude Décisionnelle et celle de la satisfaction Intrinsèque ($r = .56$). D'autre part, il existe un lien négatif entre la Demande Psychologique et la satisfaction Extrinsèque ($r = -.34$). Nous avions vu que l'échelle Intrinsèque reflète le sentiment des sujets quant à la nature même des tâches professionnelles dont ils s'acquittent et leur satisfaction quant aux opportunités qu'offre leur travail, à travers des items qui évaluent la possibilité pour les personnes d'être réellement actives, de réaliser un travail seule, ou d'utiliser leurs compétences et aptitudes. Or nous remarquons que cette échelle est logiquement liée à la Latitude Décisionnelle qui évalue la possibilité pour le sujet d'exercer un certain contrôle sur son travail, d'être créatif et d'utiliser ses compétences. La composante Extrinsèque quant à elle vise le cadre organisationnel du travail, notamment les conditions d'engagement et la sécurité de l'emploi, le soutien de la part des supérieurs ou l'attitude de la direction. Cette composante entretien un lien négatif avec l'échelle de Demande Psychologique, qui mesure les exigences externes et les demandes auxquelles le sujet doit faire face.

Globalement, ces résultats confirment l'hypothèse *H3*, puisque nous remarquons qu'une situation de travail caractérisée par une combinaison de Demande Psychologique élevée et de Latitude Décisionnelle limitée correspond à un niveau de satisfaction faible. Conformément aux postulats du modèle *Demand-Control*, ce constat suggère qu'une intervention visant l'amélioration des conditions d'exercice de l'activité profession-

nelle, notamment par la modération des charges psychologiques et l'augmentation de la sphère d'autonomie décisionnelle des travailleurs, peut
avoir un impact positif sur le bien-être de ceux-ci. Enfin, il est intéressant
de remarquer que les caractéristiques psychosociales de l'environnement
de travail contribuent de manière plus marquée à l'explication de la satisfaction professionnelle que ne le font les dimensions de la personnalité.

8.2. *Les réactions face aux situations stressantes*

La mise en lien de l'évaluation de la satisfaction avec les réactions individuelles impliquées dans le processus de stress permet de confirmer l'ensemble des postulats de l'hypothèse *H5*. En effet, nous constatons une
forte association négative entre la perception du stress et les deux mesures
de la satisfaction. Ce constat est conforme à l'hypothèse *H5.1*, et souligne
l'interdépendance entre deux types d'évaluation ou de jugement cognitifs, avec d'un côté l'évaluation de situations professionnelles spécifiques
en termes de ressources disponibles pour y faire face (perception du stress),
et de l'autre, une évaluation plus globale en termes de satisfaction de la
vie professionnelle.

En ce qui concerne les conduites habituelles mises en œuvre pour s'adapter au stress, nous relevons une corrélation négative élevée entre la centration sur les Emotions et les deux mesures de satisfaction. Il semble dès
lors que, conformément à l'hypothèse *H5.3* et à l'ensemble des résultats
exposés ici, ce style de coping, a un effet «défavorable» sur le processus
d'ajustement au stress, qui se traduit également par une évaluation «négative» du niveau de satisfaction générale. Notons enfin que la mise en œuvre
de stratégies de coping centrés sur la tâche contribue positivement à l'évaluation de la satisfaction de la vie.

En ce qui concerne le rôle des états affectifs, les analyses permettent de
confirmer l'hypothèse *H5.2*. Il est intéressant de relever ici que, même si
les émotions négatives jouent un rôle dans la prédiction de l'évaluation
globale en matière de satisfaction, la plus forte contribution à l'explication de cette évaluation est celle des affects positifs (Tableau 53). En effet,
l'étude détaillée des six émotions de base constitutives de notre mesure
des états affectifs souligne le lien prédominant entre l'émotion de Joie
et l'évaluation de la satisfaction. Viennent ensuite, dans l'ordre d'importance des corrélations mises en évidence, la Tristesse, la Colère, la Peur, la

Honte, et enfin l'Amour. Globalement, ces résultats soulignent la nécessité d'évaluer les composantes émotionnelles de manière à rendre compte de leur valence (émotions positives et négatives) pour mieux appréhender le bien-être individuel dans sa globalité, nécessité qui a d'ores et déjà été relevée (Hart, Wearing & Headey, 1995; Rolland, 1997; 1998; 1999; 2000). En effet, Rolland (1999) relève que la majorité des recherches sur le stress focalisent sur les indicateurs de détresse psychologique (anxiété, dépression, symptômes somatiques) et les affects négatifs résultant d'une adaptation inefficace, et estime que «[…] la focalisation sur la composante ‹négative› entraîne une vision partielle et donc tronquée de la sphère affective» (Rolland, 1999, p. 23).

D'autre part, la forte association entre l'expérience affective et l'évaluation de la satisfaction renvoie au concept de «bien-être subjectif» *(Subjective well-being)* qui est communément accepté comme un indicateur important et globale du bien-être et de la qualité de vie (Andrews & Robinson, 1991; Campbell, 1981; Diener, 1984; Diener & Larsen, 1993; Eid & Diener, 2003). Le bien-être subjectif traduit une évaluation multidimensionnelle par la personne de sa vie, et comporte une composante cognitive (évaluation de la satisfaction générale, professionnelle, etc.) ainsi qu'une composante affective (émotions positives et négatives) (Argyle, 1987; Brief et al., 1993; Diener, 1984; 1994; Diener & Larsen, 1993; Diener et al., 1999; Feist et al., 1995; Lucas et al., 1996; Rolland, 2000).

9. Limites et perspectives

Cette étude, comme toute autre, comporte plusieurs limites dont nous aimerions discuter ici. Une première série de limites concerne la généralisation des résultats mis en évidence en vue du protocole de recherche mis en œuvre. D'abord, le principe de participation basée sur le volontariat ne nous garantit pas que nos répondants puissent être considérés comme représentatifs des groupes professionnels étudiés. En effet, ayant obtenu l'accord de collaboration des directions des trois institutions concernées, nous avons procédé dans un second temps à l'envoi systématique des questionnaires à tous les collaborateurs de ces institutions. Même si, en fournissant des informations sur les buts visés et sur la pertinence de notre projet, nous avons cherché à motiver la participation des collaborateurs, il est indéniable que le taux de retour était tributaire de la volonté individuelle des répondants à donner suite à notre démarche, ainsi que de leur perception de la problématique visée. On peut se demander dès lors si les personnes qui ont effectivement répondu aux questionnaires sont celles qui se sentent particulièrement touchées par la problématique du stress. Ensuite, la spécificité des groupes professionnels étudiés limite dans une certaine mesure la généralisation des résultats. Nous avons montré que ces groupes sont parmi ceux les moins étudiés dans le domaine de la recherche sur le stress professionnel, ce qui représente précisément un des intérêts de notre étude. Or on peut se demander dans quelle mesure les modes d'adaptation des intervenants d'urgence, ou ceux des ministres de l'Eglise sont comparables à ceux d'autres professionnels évoluant dans des domaines plus «classiques».

Une seconde catégorie de limites concerne les positions conceptuelles et méthodologiques qui caractérisent notre étude. Dans le domaine des approches empiriques visant la compréhension et la description des mécanismes du stress, Rolland (2002) décrit l'intense débat qui oppose les partisans d'une centration sur les processus psychologiques individuels, à ceux qui défendent une approche basée sur l'étude des stresseurs environnementaux objectifs. Pourtant, l'auteur souligne la complémentarité entre ces deux types d'approches et leur apport mutuel à la compréhension des phénomènes complexes observés; il estime ainsi que *«[...] opter pour l'une de ces pistes de recherche en excluant l'autre est très certainement une erreur»* (Rolland, 2002, p. 152). Nous avons donc cherché, dans le cadre de ce travail, à inclure une description des caractéristiques de la personne et du milieu dans l'étude des situations professionnelles quotidiennes qui peuvent être tour à tour source de bien-être ou d'insatisfaction pour les sujets. Ainsi, les données récoltées traduisent d'une part les mécanismes de construction d'une signification personnelle des situations rencontrées (perception du stress, évaluation de la satisfaction), les caractéristiques individuelles stables qui influencent cette construction (dimensions de la personnalité), ainsi que les réactions face à ces situations (tentatives d'ajustement, réactions émotionnelles), et d'autre part les contraintes psychosociales qui caractérisent les environnements professionnels dans lesquels évoluent les individus (charge de travail, possibilité de contrôle). Il eut été une erreur, selon nous, de se focaliser uniquement sur les mécanismes internes et psychologiques, postulant qu'une adaptation «inefficace» au stress et la souffrance qui en découle ne sont que les signes d'une vulnérabilité et d'une responsabilité individuelles. Une telle approche unilatérale d'une réalité complexe et multidéterminée aurait entaché notre travail d'un biais «classique» de la perception, à savoir l'erreur fondamentale d'attribution (Ross, 1977), qui traduit la tendance générale des observateurs à sous-estimer le rôle des variables situationnelles au profit des variables dispositionnelles pour expliquer les comportements des sujets. D'un autre côté, la prise en compte exclusive des stresseurs environnementaux aurait placé les sujets dans une position passive, totalement à la merci des situations rencontrées, et sans autres alternatives que l'attente de décisions et d'interventions de la hiérarchie visant une amélioration des conditions de travail.

Conformément à ces observations, nous nous sommes basés sur un corpus empirique conséquent (Edwards & VanHarrison, 1993; Motowidlo et al., 1986; O'Brien & DeLongis, 1996; Ormel & Wohlfarth, 1991; Parkes, 1986; Rolland, 1998; 1999; Terry, 1991) qui souligne précisément la nécessité de considérer les rôles respectifs des déterminants personnels et situationnels, ainsi que leurs interactions, afin de dresser un tableau plus complet des variables en jeu dans l'étude du stress psychologique. Même si la pertinence d'une telle approche du stress est soulevée par de nombreux auteurs, il en va autrement lorsqu'il s'agit de trouver un consensus quant à la manière de la mettre en œuvre et de l'opérationnaliser dans un projet de recherche, et la «lourdeur» des méthodologies appliquées constitue parfois un frein à ce type d'approche. C'est précisément dans cette étape d'opérationnalisation des concepts théoriques que notre travail se heurte à quelques limites que aimerions soulever ici.

Afin d'éviter une approche mécaniciste, causaliste et linéaire (stimulus-réponse) du stress, nous nous sommes inspirés dans ce travail du modèle transactionnel (Lazarus) qui aborde les réactions individuelles face aux situations problématiques en termes de processus impliquant la construction d'une signification personnelle des situations rencontrées. Or il s'avère que nous avons sous-estimé les difficultés d'opérationnalisation qu'implique ce modèle, difficultés par ailleurs relevées par d'autres auteurs (Parkes, 1986; Rolland, 1999). La limite essentielle que nous avons rencontrée dans cette étude consiste en la difficulté à observer et à évaluer, du moins avec la méthodologie proposée (recours aux questionnaires), le processus d'interactions complexes entre la personne et l'environnement durant une expérience stressante spécifique. D'autant plus que selon les postulats de ce modèle, ce processus séquentiel d'interactions (voir figure 2, page 30) est sujet à un changement permanent et continu[13], chaque interaction étant considérée comme spécifique et unique. A ce propos, Rolland relève que «*[...] il n'est pas possible d'évaluer ces séquences fugaces de cognitions et d'émotions au moment où elles sont produites*» (Rolland, 1999, p. 12).

Ainsi, nous sommes amenés à revoir les ambitions théoriques de ce travail, car la méthodologie appliquée s'avère lacunaire pour saisir un processus en changement. En effet, le recours aux questionnaires permet la récolte de données qui représentent un reflet rétrospectif, basé sur les souvenirs du sujet quant à une situation donnée où le dit processus a pris place. Ces données sont donc soumises aux biais d'attention, de mémorisation et de rappel, et sont en outre affectées par les caractéristiques personnelles des répondants, notamment les traits de personnalité (Brown & Moskowitz, 1997; Reed & Derryberry, 1995; Rusting & Larsen, 1997; Schimak & Diener, 1997) et les états émotionnels (Cohen et al., 1995; Brown & Moskowitz, 1997; Diener et al., 1991; Diener et al., 1999). A notre décharge, précisons que les auteurs même du modèle (Folkman & Lazarus, 1986; Folkman et al., 1986) proposent une méthodologie basée sur le recueil rétrospectif de données concernant les réactions individuelles (émotions éprouvées, comportements d'ajustement) dans différentes situations, ce qui semble être en contradiction avec leurs postulats théoriques. De plus, Rolland (1999) relève que ces données sont empreintes d'une forte stabilité trans-situationnelle.

Au vu des difficultés méthodologiques explicitées ci-dessus et de la distance, voir la contradiction observées entre certaines conceptions théoriques du stress et les tentatives d'opérationnalisation qui s'y réfèrent, nous sommes amenés à affirmer une position méthodologique et d'en assumer les conséquences: Il nous paraît plus réaliste, et méthodologiquement plus valide, de procéder à une évaluation approfondie des patterns individuels réguliers qui contribuent fortement à la stabilisation des conduites en situation et qui sont plus facilement opérationnalisables, plutôt

---

13   «L'essence du stress, du coping et de l'adaptation est le changement. Les émotions que l'on éprouve dans une ‹ rencontre › stressante sont caractérisées par le flux. La succession d'émotions reflète les changements de signification de ce qui est en train de se produire au fur et à mesure que la situation évolue» (Folkman & Lazarus, 1985, p. 150).

que de spéculer sur le produit d'un processus unique et non reproductible
dont les mécanismes complexes et spécifiques échappent à notre observation. Il est vrai que notre approche, basée sur les dispositions individuelles
(traits) en tant que modèle de prédiction des conduites spécifiques, ne
fournit pas d'explication sur les mécanismes de causalité impliqués dans
le processus de stress. Or McCrae et Costa (1995, p. 246) relèvent que
« les explications n'ont pas à spécifier des mécanismes causaux »[14]. Un
premier argument évoqué pour défendre ce postulat est que, du point de
vue de la philosophie des sciences, aucun phénomène ne peut être totalement expliqué par la spécification des causalités en jeu, toute chaîne causale étant divisible à l'infini. Un second argument rappelle que, au-delà
d'un certain niveau de spécification des situations exactes dans lesquelles
une conduite observée se produit, il devient difficile d'exploiter les données récoltées pour proposer des prédictions générales sur les conduites
pouvant se produire dans d'autres situations. Nous nous sommes bien gar-
dés, tout au long de ce travail, de raisonner en termes de causalité linéaire,
et avons plutôt considéré les dimensions de la personnalité comme des
variables médiatrices du processus de stress. A travers le temps, ces dimensions interagissent avec l'environnement pour produire des adapta-
tions caractéristiques, comme les modes de perception et les styles de coping. Les comportements spécifiques, quant à eux, se manifestent lorsque
ces modes adaptatifs interagissent avec une situation donnée. Dans cette
acception, les traits sont à considérer comme des causes distales ou indi-
rectes du comportement spécifique.

Toutefois, nous pouvons proposer quelques pistes méthodologiques pour
augmenter la pertinence et la finesse des données récoltées lors de futures
études. Dans ce sens, une première approche qui semble pertinente, même
si elle suppose des coûts d'application élevés, est la *Méthode d'auto-
observation assistée par ordinateur* (COMES), proposée par Perrez et Reicherts (1989). Cette approche est basée sur l'observation et l'enregistre-
ment par les sujets de leur manière de faire face au stress dans différents
épisodes de la vie quotidienne. Munis d'un micro-ordinateur portable, les
sujets sont invités à donner une brève description de la situation rencontrée et à évaluer les points suivants: (1) Caractéristiques de la situation
(contrôlabilité, changeabilité, valence négative, probabilité de réappari-

---

14   «[…] explanations need not specify causal mechanisms» (McCrae & Costa, 1995,
      p. 246).

tion, durée); (2) Réaction émotionnelle liée au stress (agité, déprimé, agressif, etc.); (3) Tentatives d'ajustement orientées vers la tâche et vers la personne; (4) Le sucès perçu de l'ajustement. Différentes études basées sur cette méthode (Perkonnig, 1991; Britsch, 1992; Perrez & Matathia, 1993) montrent qu'elle permet la récolte d'informations précieuses sur un grand nombre de situations spécifiques de rencontre avec le stress. Par contre, la relative «lourdeur» de la méthodologie et le coût élevé de sa mise en application représentent un obstacle à l'étude d'échantillons de grande taille. Une approche alternative peut être considérée par le biais du *questionnaire situation-réaction* (UBV, Reicherts & Perrez, 1993). Ce questionnaire demande au répondant d'évaluer leurs comportements envisagés face à 18 situations stressantes hypothétiques. Les points évalués comprennent la perception subjective du sujet, le but visé à travers l'ajustement et le comportement planifié. Même si elle permet de raisonner sur la base de situations spécifiques, quoique hypothétisées par le chercheur, cette approche semble néanmoins mettre en valeur des conduites «typiques» d'ajustement au stress, sans viser une analyse détaillée des patterns individuels en jeu.

En ce qui concerne la prévention et la prise en charge de la souffrance individuelle liée au stress professionnel, l'étude de variables médiatrices relativement inconditionnelles et ayant une portée trans-situationnelle, comme c'est le cas des traits de la personnalité, offre des pistes d'intervention intéressantes (McCrae & Costa, 1993; McCrae, 1994). Il est vrai que, s'agissant par définition de caractéristiques stables et ayant un ancrage biologique, ce serait difficilement concevable d'envisager une intervention pour modifier ces patterns individuels. Pourtant, en se basant sur la manière dont l'interaction personne-environnement est médiatisée par ces patterns, les praticiens peuvent envisager de minimiser les effets d'une issue défavorable des situations stressantes pour l'individu et l'aider à développer ses capacités d'adaptation. Dans ce sens, nous estimons que l'apport d'informations pertinentes sur ces caractéristiques et leurs effets indirects, dans le but d'augmenter la connaissance de soi et à engendrer une réflexion introspective chez les travailleurs, pourrait avoir un effet bénéfique sur le choix individuel, voir l'apprentissage de stratégies d'ajustement favorables et adaptées. Nous encourageons le recours à des processus systématiques de sélection et de développement personnel, notamment les démarches de type *Assessment Center* (Massoudi & Clot, 2006) qui, tout en respectant les dimensions éthiques fondamentales, procurent des informations précieuses à l'individu sur ses réactions typiques et les ressources dont il dispose (Massoudi, Mottet & Erard, 2000).

Enfin, alors qu'il semble difficile d'influencer les patterns individuels stables, des interventions visant l'apprentissage de nouveaux comportements palliatifs et l'élargissement du panel de stratégies individuelles de coping semblent plus appropriées. Nous avons vu que, même si elles sont liées aux dimensions personnelles régulières, les stratégies de coping consistent en des comportements conscients, intentionnels et appris. Il semble dès lors concevable d'aider les individus à combler des vulnérabilités personnelles par l'apprentissage et l'entraînement de nouvelles conduites, plus favorables en termes d'ajustement au stress et de conséquences qui en découlent.

En ce qui concerne l'amélioration des capacités de gestion et d'ajustement au stress, les méthodes de traitement élaborées dans le cadre de l'approche thérapeutique cognitivo-comportementale offrent une large palette de pistes d'intervention. Reicherts (1999) offre une description détaillée des objectifs visés par de telles interventions, ainsi qu'une procédure par étapes. Nous nous proposons de décrire ici ces étapes d'intervention, ainsi que la pertinence des données récoltées à travers notre étude pour chacune d'elles. Une première étape, appelée *Renforcement du réalisme*, concerne l'évaluation et l'amélioration du mode de perception subjective. Le postulat ici est qu'une perception adéquate ou «réaliste», aussi bien en termes d'indicateurs externes (situations, événements) qu'internes (réactions émotionnelles, signaux corporels), est un prérequis essentiel pour un ajustement favorable. Les informations récoltées au niveau de la perception des situations stressantes (PSS), et les réactions émotionnelles (E.N.P.) semblent précieuses pour aider le sujet à évaluer son mode de perception. Le degré de «réalisme» de la perception peut par exemple être amélioré par la comparaison des évaluations subjectives et objectives (JCQ) des situations rencontrées.

Une seconde étape consiste en *l'individualisation* de l'intervention proposée en fonction des besoins du sujet. Pour ce faire, il est nécessaire de dresser deux types de profils : Le profil individuel qui dresse un répertoire de comportements habituels, par exemple le style de coping (CISS) ou les patterns réguliers de conduites (NEO-FFI-R), et le profil situationnel qui définit les types de stresseurs prédominants en fonction des caractéristiques des situations fréquemment rencontrées (JCQ). A partir de l'analyse de ces deux sources d'information (déterminants individuels et situationnels), il est possible d'évaluer l'indication et la pertinence des nouvelles stratégies adaptatives.

La troisième étape est celle qui vise véritablement à l'introduction et à l'entraînement des nouvelles conduites d'ajustement. Différentes techniques sont indiquées en fonction de la catégorie de coping visé (centration sur la tâche, sur les émotions, évitement), dont nous présentons ici quelques exemples. En ce qui concerne l'amélioration de la régulation émotionnelle, Reicherts (1999) relève la pertinence des méthodes de décontraction corporelle, comme le training autogène (Schulz, 1932) et la décontraction musculaire progressive (Jacobson, 1938), ou à un niveau cognitif, l'utilisation de l'auto-verbalisation positive (Meichenbaum, 1977). Concernant les formes actives d'ajustement, les méthodes d'intervention visant l'amélioration des compétences sociales, par exemple les techniques d'entraînement à l'affirmation (*assertiveness training*; Ulrich de Muynck & Ullrich, 1976), semblent particulièrement indiquées pour la gestion des situations relationnelles problématiques. Un apprentissage de méthodes d'organisation et de planification du travail peut également aider dans ce sens. Enfin, en ce qui concerne la réduction des conduites d'évitement (qui comme nous l'avons déjà indiqué correspondent à une gestion problématique du stress) et le renforcement de la persévérance, Reicherts (1994; 1999) indique la nécessité d'un premier travail sur la gestion *in sensu* (par imagerie mentale) de situations stressantes, notamment par l'application de techniques d'exposition cognitive comme la «décatastrophisation» (Reicherts, 1994), puis le passage progressif à une gestion *in vivo*, avec une évaluation suivie des résultats des nouveaux modes d'ajustement. Pour le détail des techniques d'intervention évoquées ici, nous renvoyons le lecteur aux manuels d'application des thérapies cognitivocomportementales (cf. Cormier & Cormier, 1991).

Enfin, nos résultats visant à décrire les situations de travail génératrices de tension montrent que la sphère d'autonomie et la capacité d'exercer un contrôle sur les tâches professionnelles représentent des éléments salutaires et protecteurs dans la rencontre du stress. C'est là un élément qui pourrait justifier des interventions à un niveau organisationnel, dont l'objectif serait l'augmentation de l'autonomie individuelle et de l'impact des collaborateurs sur le fonctionnement organisationnel. Toutefois, la planification de telles interventions nécessiterait une analyse plus approfondie du travail individuel et des contraintes institutionnelles. Hélas, étant donné la nature des tâches que doivent accomplir les intervenants d'urgence (prise de décisions dans des délais rapides, opérations collectives de secours, coordination stricte entre les actions des intervenants), les méthodes appliquées dans ce sens (suivi de procédures systématisées et strictes), et les responsabilités qui leur incombent (sauvetage de personnes en danger de mort), il semble utopique de viser une augmentation de l'autonomie individuelle qui serait de plus incompatible avec les modes organisationnels de leurs institutions (structures hiérarchiques visibles).

Pour conclure, nous aimerions ajouter que cette étude, malgré ses limitations conceptuelles et méthodologiques, constitue une tentative d'apporter une meilleure compréhension d'un phénomène omniprésent dans la vie quotidienne et abondamment étudié, mais pourtant relativement méconnu et controversé sur un plan scientifique. Pour ce faire, nous avons procédé à l'analyse et à l'identification de variables personnelles et environnementales qui influencent les réactions cognitives, émotionnelles et comportementales face au stress. Pourtant, cette approche ne peut être considérée que partielle, puisque purement psychologique, et partiale, puisque tributaire des positions conceptuelles et méthodologiques explicitées. Il nous semble primordial, comme le relève Steptoe (1991), d'intégrer les données mises en évidence ici dans un *modèle pluridisciplinaire*, tenant également compte des composantes physiologiques et sociales, afin de comprendre les réactions au stress en tant que des processus dynamiques et complexes de régulation et de transaction entre l'individu et son milieu de vie.

X. Références bibliographiques

Ader, R. (1981). Psychosomatic and psychoimmunological research. Presidential adress. *Psychosomatic Medicine, 42,* 307-321.

Alfredsson, L., Karasek, R. & Theorell, T. (1982). Myocardial infarction risk and psychosocial work environment: an analysis of the male Swedish working force. *Social Science and Medicine,* 16, 463-467.

Allik, J. & Realo, A. (1997). Emotional experience and its relation to the 5-factor model in Estonia. *Journal of Personality,* 65, 625-647.

Aluja, A., Garcia, O., Rossier, J. & Garcia, L.F. (2005). Comparison of the NEO-FFI, the NEO-FFI-R and an alternative short version of the NEO-PI-R (NEO-60) in Swiss and Spanish samples. *Personality and Individual Differences,* 38, 591-604.

American Psychological Association Task Force on statistical Inference (1999). Statistical methods in psychology journals: Guidelines and explanations. *American Psychologist,* 54, 594-604.

American Psychological Association. (2002). *Publication manual of the American Psychological Association* (fifth ed.). Washington DC: American Psychological Associations.

Amiel-Lebigre, F. (1988). Quantification de l'impact événementiel: approche du réel ou chimère. *Psychologie Médicale,* 20, 1715-1717.

Andrews, A. & Withey, S.B. (1976). *Social indicators of well-being: America's perception of life quality.* New York: Plenum Press.

Andrews, F.M. & Robinson, J.B. (1991). Measures of subjective well-being. In J.P. Robinson, P.R. Shaver & L.S. Wrightsman (Eds.), *Measures of Personality and Social Psychological Attitudes* (pp. 61-114), San Diego, CA: Academic Press.

Argyle, M. (1987). *The Psychology of Hapiness.* London: Routledge.

Arnold, M.B. (1960). *Emotion and Personality.* New York: Columbia University Press.

Astin, A.W. & Holland, J.L. (1961). The environmental assessment technique: A way to measure college environments. *Journal of Educational Psychology,* 52, 308-316.

Aubert, N. & Pagès, M. (1989). *Le stress professionnel.* Paris: Editions Klincksieck.

Banks, M.T., Clegg, C.W., Jackson, P.R., Kemp, N.J., Stafford, E.M. & Wall, T.D. (1980). The use of GHQ as an indicator of mental health in occupational studies. *Journal of Occupational Psychology,* 53, 187-196.

Beaton, R. & Murphy, S. (1993). Sources of occupational stress among fore fighters/EMTs and fire fighter/paramedics and correlations with job-related outcomes. *Prehospital and Disaster Medicine,* 8, 140-150.

Beaton, R. & Murphy, S. (1995). Secondary traumatic stress in crisis workers: Research implications. In C. Figley (Ed.), *Compassion fatigue* (pp. 51-81). New York: Brunner Mazel.

Beaton, R., Murphy, S. & Pike, K. (1996). Work and non-work stressors, negative states, and pain complaints among firefighters and paramedics. *International Journal of Stress Management,* 3, 223-237.

Beaton, R., Murphy, S., Johnson, C., Pike, K. & Corneil, W. (1998). Exposure to duty-related incident stressors in urban firefighters and paramedics. *Journal of Traumatic stress*, 11, 821-828.

Beaurepaire, C. (1992). Stress, adaptation et personnalité. *Performances Humaines et Techniques*, 72, 6-11.

Beehr, T. A. & Baghat, R. S. (1985). Introduction to human stress and cognition in organizations. In T. A. Beehr & R. S. Bhagat (Eds), *Human stress and cognition in organizations: An integrated perspective* (pp. 3-19). New York: Wiley.

Beehr, T. A. & Newman, J. E. (1978). Job stress, employee health, and organizational effectiveness: A facet analysis, model, and literature review. *Personnel Psychology*, 31, 665-699.

Beekman, A. T. F., Copeland, J. R. & Prince, M. J. (1999). Review of community prevalence of depression in later life. *British Journal of Psychiatry*, 174, 307-311.

Billings, A. G. & Moos, R. H. (1984). Coping, stress, and resources among adults with unipolar depression. *Journal of Personality and Social Psychology*, 46, 877-891.

Bolger, N. (1990). Coping as a personality process: A prospective study. *Journal of Personality and Social psychology*, 59, 3, 525-537.

Bolger, N. & Zuckerman, A. (1995). A framework for studying personality in the stress process, *Journal of Personality and Social Psychology*, 69, 5, 890-902.

Bolles, R. N. (1998). *What color is your parachute?* Berkeley, CA: Ten Speed Press.

Bond, J. T., Galinski, E. & Swanberg, J. E. (1998). *The 1997 national study of the changing workforce.* New York (NY): Families and work Institute.

Bongers, P. M. (2002). Are psychosocial factors, risk factors for symptoms and signs of the shoulder, elbow or hand/wrist?: A review of the epidemiological literatures. *American Journal of Industrial Medicine*, 41, 315-342.

Bongers, P. M., de Winter, C. R., Kompier, M. A. & Hildebrant, V. H. (1993). Psychosocial factors at work and musculoskeletal disease. *Scandinavian Journal of Work Environment and Health*, 19, 297-312.

Bonner, K. (1967). Industrial implications of stress. In L. Levi (Ed.), *Emotional Stress.* New York: American Elsevier Publishing Co.

Bosma, H., Marmot, M. G., Hemmingway, H., Nicholson, A. C., Brunner, E. & Stansfeld, S. A. (1997). Low job control and risk of coronary heart disease. In Whitehall II study, *Journal of Behavioral Medicine*, 314, 558-565.

Bosma, H., Peter, R., Siegrist, J. & Marmot, M. G. (1998). Two alternative job stress models and the risk of coronary heart disease. *American Journal of Public Health*, 88, 68-74.

Bouchard, T. J. (1997). Genetic influences on mental abilities, personality, vocational interests and work attitudes. *International Review of Industrial and Organizational Psychology*, 12, 373-395.

Bourbonnais, R., Brisson, C., Vézina, M. & Moisan, J. (1996). Job stress and psychological distress in white collar workers. *Scandinavian Journal of Work Environment and Health*, 22, 139-145.

Brandt, L. P. A. & Nielsen, C. V. (1992). Job stress and adverse outcome of pregnancy: A causal link or recall bias? *American Journal of Epidemiology*, 135, 302-311.

Brief, A.P. & George, J.M. (1995). Psychological stress and the workplace: A brief comment on Lazarus' outlook. In R. Crandall & P.L. Perrewé (eds). *Occupational Stress: A Handbook*, London, Francis & Taylor Ltd.

Brief, A.P., Burke, M.J., George, J.M., Robinson, B.S. & Webster, J. (1988). Should Negative Affectivity remain an unmeasured variable in the study of job stress? *Journal of Applied Psychology*, 73, 193-198.

Brief, A.P., Butcher, A.H., George, J.M. & Link, K.E. (1993). Integrating bottom-up and top-down theories of subjective well-being: The case of health. *Journal of Personality and Social Psychology*, 64, 4, 646-653.

Britsch, M. (1992). *Erfassung des Coping-Verhaltens von Bulimia-Nervosa-Patientinnen*. Fribourg: Universität, Psychologises Institut.

Brough, P. (2002). Female police officers' work experiences, job satisfaction and psychological well-being. *Psychology of Women Section Review*, 4, 3-15.

Brown, G.W. (1974). Meaning, measurement and stress of life events. In B.S. Dohrenwend & B.P. Dohrenwend (Eds), *Stressful Life Events: Their Nature and Effects*. London: John Wiley.

Brown, G.W. & Harris, T.O. (1989). *Life events and illness*. New York: Guilford.

Brown, S.P. (1996). A meta-analysis and review of organizational research on job involvement. *Psychological Bulletin*, 120, 235-255.

Brown, K.W. & Moskowitz, D.S. (1997). Does unhappiness make you sick? The role of affect and neuroticism in the experience of common physical symptoms. *Journal of Personality and Social Psychology*, 72, 4, 907-917.

Brownie, L., Brown, S., Diewert, G., Good, P., Holman, G., Laue, G. & Banister, E. (1985). Cost-effective selection of fire fighter recruits. *Medicine & Science in Sports and Exercise*, 17, 661-666.

Bryant, R. & Harvey, A. (1995). Posttraumatic stress in volunteer fire fighters: Predictors of distress. *Journal of Nervous and Mental Disease*, 183, 267-271.

Buck, N., Gershuny, J., Rose, D. & Scott, J. (1994). *Changing Households: The British Household Panel Survey*, 1990-1992. ESRC Research Center on Microsocial Change, University of Essex, Colchester.

Burke, M.J. (1988). Type A Behavior, occupational and life demands, satisfaction, and well-being. *Psychological Reports*, 63, 451-458.

Burke, M.J., Brief, A.P. & George, J.M. (1993). The role of negative affectivity in understanding relations between self-reports of stressors and strains: A comment on the applied psychology litterature. *Journal of Applied psychology*, 78, 3, 402-412.

Burks, N. & Martin, B. (1985). Everyday problems and life change events: Ongoing versus acute sources of stress. *Journal of Human Stress*, 11, 27-35.

Byrne, D. (1961). The repression-sensitization scale: Rationale, reliability and validity. *Journal of Personality*, 29, 334-349.

Byrne, D. (1964). Repression-sensitization as a dimension of personality. In B.A. Maher (ed.), *Progress in Experimental Personality Research*. San Diego, CA: Academic Press.

Campbell, A. (1981). *The sense of well-being in America*. New York: McGraw-Hill.

Canli, T., Zhao, Z., Kang, E., Gross, J., Desmond, J.E. & Gabrielli, J.D.E. (2001). An FMRI study of personality influences on brain reactivity to emotional stimuli. *Behavioral Neurosciensces*, 115, 1, 33-42.

Cannon, W.B. (1929). *Bodily changes in pain, hunger, fear and rage*. New York : Appleton Century.

Cannon, W.B. (1932). *The wisdom of the body*. New York : Norton.

Caplan, R.D., Cobb, S., French, J.R.P., Harrison, R.V. & Pinneau, S.R. (1975). *Job Demands and Worker Health*. HEW Publication N° 75160 (NIOSH), Washington DC.

Carayon, P., Smith, M.J. & Haims, M.C. (1999). Work organization, job stress, and work-related musculoskeletal disorders. *Human Factors*, 41, 644-663.

Carver, C.S., Scheier, M.F. & Weintraub, J.K. (1989). Assessing Coping Strategies : A theoretically based approach. *Journal of Personality and Social Psychology*, 56, 267-283.

Chanlat, J.F., (1985). *L'individu dans l'organisation : les dimensions oubliées*. Paris : ESKA.

Clark, J.A. & Watson, D. (1991). General affective dispositions in physical and psychological health. In C.R. Snyder & D.R. Forsyth (Eds), *Handbook of Social and Clinical Psychology* (pp. 221-245). New York : Pergamon Press.

Clark, L.A. (2000). Mood, personality, and personality disorders. In R.J. Davidson (Eds) *Anxiety, depression, and emotion*, (pp. 171-200). Oxford : University Press.

Cohen, F. (1987). Measurement of Coping. In S.V. Kasl & C.L. Cooper (Eds), *Stress and Health : Issues in Research Methodology*. Chichester : John Wiley & Sons.

Cohen, J. (1988). *Statistical power analysis for the behavioural sciences* (second ed.). New York : Academic Press.

Cohen, S. & Edwards, J.R. (1989). Personality characteristics as moderators of the relationship between stress and disorder. In R.W.J. Neufeld et al. (Eds), *Advances in the Investigation of Psychological Stress. Wiley Series on Health Psychology/Behavioral Medicine* (pp. 235-283). New York : John Wiley & Sons.

Cohen, S., Doyle, W.J., Skoner, D.P., Gwaltney, J.M. & Newsom, J.T. (1995). State and trait negative affects as predictors of objective and subjective symptoms of respiratory viral infections. *Journal of Personality and Social Psychology*, 68, 1, 159-169.

Cormier, W.H. & Cormier, L.S. (1991). *Interviewing Strategies for Helpers. Fundamental Skills and Cognitive Behavioral Interventions*. Pacific Grove, CA : Brooks & Cole.

Cooper, C.L. (1985). Organisation du travail et stress d'origine professionnelle. In *Automatisation, organisation du travail et stress d'origine professionnelle*, BIT, Genève, 167-206.

Cooper, C.L. & Kasl, S.V. (1987). *Stress and health : issues in research methodology*. New York : Wiley.

Cooper, C.L. & Kelly, M. (1984). Stress among crane operators. *Journal of Occupational Medicine*, 26, 8, 575-578.

Cooper, C.L. & Payne, R. (1988). *Causes, Coping, and Consequences of Stress at Work*. Chichester : John Wiley and Sons.

Cooper, C.L., Liukonen, P. & Cartwright, S. (1996). *Stress Prevention in the Workplace : assessing the costs and benefits to organisations*. Dublin : European Foundation for the Improvement of Living and Working Conditions.

Cordes, C. & Dougherty, T.W. (1993). A review and integration of research on job burnout. *Academy of Management Review*, 18, 621-656.

Corneil, W. (1995). Traumatic stress and organizational strain in the fire service. In L.R. Murphy, J.J. Hurrell Jr., S.L. Sauter & G.P. Keita (Eds), *Job stress interventions* (pp. 185-198). Washington, DC : American Psychological Association.

Corneil, W., Beaton, R., Murphy, S., Johnson, C. & Pike, K. (1999). Exposure to traumatic incidents and prevalence of posttraumatic stress symptomatology in urban firefighters in two countries. *Journal of Occupational Health Psychology*, 4, 131-141.

Corr, C. (1993). Coping with dying: Lessons that we should and should not learn from the work of Elisabeth-Kubler-Ross. *Death Studies*, 17, 69-83.

Costa, J. P. T., Sommerfield, M. R. & McCrae, R. R. (1996). Personality and coping: A reconceptualization. In M. Zeidner & N. S. Endler (Eds), *Handbook of Coping*. New York: John Wiley & Sons.

Costa, P. T. & McCrae, R. R. (1992). *Revised NEO Personality Inventory (NEO-PI-R) and NEO Five Factor Inventory (NEO-FFI) professional manual*. Odessa, FL: Psychological Assessment Resources.

Costa, P. T. & McCrae, R. R. (1984). Personality as a lifelong determinant of well-being. In C. Z. Malatesta & C. E. Izard (Eds), *Emotion in adult development* (pp. 141-157). Beverly Hills: Sage.

Costa, P. T. & McCrae, R. R. (1988). Personality in adulthood: A six-year longitudinal study on the NEO-PI-R. *Journal of Personality and Social Psychology*, 54, 5, 853-863.

Costa, P. T. & McCrae, R. R. (1989). Personality continuity and the changes of adult life. In M. Storandt & G. R. Vandenbos (Eds), *The adult years: Continuity and change* (pp. 45-77). Washington, DC: Amercian Psychological Association.

Costa, P. T. & McCrae, R. R. (2003). A contemplated revision of the NEO Five-Factor Inventory. *Personality and Individual Differences*, 36, 587-596.

Cottraux, J. & Jeunet, C. (1985). Deux personnages au-dessus de tout soupçon: Stress et événement. Une enquête méthodologique et clinique. In J. Guyotat & P. Fedida, *Evénement et psychopathologie*, Paris: SIMEP.

Courtney, J. G., Longnecker, M. P. & Peters, R. K. (1996). Psychosocial aspects of work and the risk of colon cancer. *Epidemiology*, 7, 175-181.

Cox, T. (1985). The nature and measurement of stress. *Ergonomics*, 28, 1155-1163.

Cox, T. (1990). The nature and recognition of stress: Conceptual and Methodological issues. In E. N. Corltett & J. Wilson (Eds), *Evaluation of Human Work*, London: Taylor & Francis.

Cox, T. & Howarth, I. (1990). Organisational health, culture and helping. *Work & Stress,* 4, 107-110.

Cox, T. & Ferguson, E. (1991). Individual Differences, Stress and Coping. In C. L. Cooper & R. Payne (Eds), *Personality and Stress: Individual differences in the stress process* (pp. 7-30), New York: John Wiley & Sons.

Cox, T., Griffiths, A. & Rial-Gonzalez, E. (2000). *Research on Work-Related Stress*. Bilbao: European Agency for Safety and Health at Work.

Crespy, J. (1984). Stress et psychopathologie du travail. *Cahiers de Notes Documentaires,* 116.

Crews, D. J. & Landers, D. M. (1987). A meta-analytic review of aerobic fitness and reactivity to psychosocial stressors. *Medicine & Science in Sports and Exercise*, 19, 114-120.

Crocker, L. & Algina, J. (1986). *Introduction to classical and modern test theory*. Fort Worth, TX: Holt, Rinehart & Winston.

Darr, W. & Johns, G. (2008). Work strain, health and absenteeism: A meta-analysis. *Journal of Occupational Health Psychology*, 13, 4, 293-318.

Davidson, M.J. & Veno, A. (1980). Stress and the Policeman. In C.L. Cooper & J. Marshall (eds). *White Collar & Professional Stress*. London: John Wiley.

Davis, P.O., Dotson, C.O. & Santa Maria, D.L. (1982). Relationship between simulated firefighting tasks and physical performance measures. *Medicine & Science in Sport and Exercise*, 14, 65-71.

De Jonge, J. & Kompier, M.A.J. (1997). A critical examination of the demands-control-support model from work psychological perspective. *International Journal of Stress Management*, 4, 235-259.

De Longis, A., Coyne, J.C., Dakof, G., Folkman, S. & Lazarus, R.S. (1982). Realtionships of daily hassles, uplifts, and major life events on health status. *Health Psychology*, 1, 119-136.

De Longis, A., Folkman, S. & Lazarus, R.S. (1988). The impact of daily stress on health and mood: psychological and social ressources as mediators. *Journal of Personality and Social Psychology*, 54, 486-495.

De Neve, K.M. & Cooper, H. (1998). The happy personality: A meta-analysis of 137 personality traits and well-being. *Psychological Bulletin*, 124, 197-229.

De Rijk, A.E., Le Blanc, P. & Schaufeli, W.B. (1998). Active coping and need for control as moderators of the job deman-control model: Effects on Burnout. *Journal of Occupational and Organizational Behavior*, 71, 1-18.

Devinat, A. (1999). L'adéquation personne-environnement et la satisfaction au travail: Une méta-analyse. *Science et Comportement*, 28, 77-101.

Dictionnaire de la psychanalyse (1995). Paris: Larousse.

Diener, E. (1984). Subjective Well-Being. *Psychological Bulletin*, 95, 3, 542-575.

Diener, E. (1994). Assessing subjective well-being: Progress and opportunities. *Social Indicators Research*, 31, 103-157.

Diener, E., Emmons, R.A., Larsen, R.J. & Griffin, S. (1985). The satisfaction with life scale. *Journal of Personality Assessment*, 49, 71-75.

Diener, E., Colvin, C.R., Pavot, W.G. & Allman, A. (1991). The psychic costs of intense positive affect. *Journal of Personality and Social Psychology*, 61, 3, 492-503.

Diener, E. & Larsen, R.J. (1993). The subjective experience of emotional well-being. In M. Lewis & J.M. Haviland (Eds), *Handbook of emotions* (pp. 405-415), New York: Guilford Press.

Diener, E., Smith, H. & Fujita, F. (1995). The personality structure of affect. *Journal of Personality and Social Psychology*, 69, 1, 130-141.

Diener, E., Suh, E.M., Lucas, R.E. & Smith, H. (1999). Subjective Well-being: Three decades of Progress. *Psychological Bulletin*, 125, 2, 276-302.

Digman, J.M. (1990). Personality structure: Emergence of the FFM. *Annual Review of Psychology*, 41, 289-320.

Dohrenwend, B.P. & Shrout, P.E. (1985). «Hassles» in the conceptualization and measurement of life stress variables. *American Psychologist*, 40, 780-785.

Dohrenwend, B.P., Link, B.G., Kern, R., Shrout, P.E. & Markowitz, J. (1990). Measuring life events: the problem of variability within event categories. *Stress Medicine*, 6, 179-187.

Dohrenwend, B.P., Raphael, K.G., Schwartz, S., Stueve, A. & Skodol, A. (1993). The structured event probe and narrative rating method for measuring stressful life event. In

L. Goldberger & S. Breznitz (Eds), *Handbook of Stress: Theoretical and Clinical Aspects. New York*. The Free Press.

Dohrenwend, B.S. & Dohrenwend, B.P. (1974). Overview and prospects for research on stressful events. In B.S. Dohrenwend & B.P. Dohrenwend (Eds), *Stressfull Life Events: Their Nature and Effects*. London: John Wiley and Sons.

Dohrenwend, B.S., (1973). Social status and stressful life events. *Journal of Personnality and Social Psychology*, 9, 203-214.

Dohrenwend, B.S., Dohrenwend, B.P., Dodson, M. & Shrout, P.E. (1984). Symptoms, hassles, social supports and life events: Problem of confounded measures. *Journal of Abnormal Psychology*, 93, 222-230.

Edwards, J.R. & Cooper, C.L. (1990). The person-environment fit approach to stress: recurring problems and some suggested solutions. *Journal of Organizational Behavior*, 11, 293-307.

Edwards, J.R., Baglioni, A.J. & Cooper, C.L. (1990). Examining the relationships among self-report measures of the Type A behavior Pattern: The effects of dimensionality, measurement error, and differences in underlying construct. *Journal of Applied Psychology*, 75, 4, 440-454.

Edwards, J.R., Baglioni, A.J. & Cooper, C.L. (1990). Stress, Type-A, Coping and psychological and physical symptoms: A multi-sample test of alternative models. *Human Relations*, 43, 10, 919-956.

Edwards, J.R. & Van Harrison, R. (1993). Job demands and worker health: Three-dimensional reexamination of the relationship between Person-Environment fit and strain. *Journal of Applied psychology*, 78, 4, 628-648.

Eid, M. & Diener, E. (2004). Global judgments of subjective well-being: Situational variability and long-term stability. *Social Indicators Research*, 65, 245-277.

Elkin, A.J. & Rosch, P.J. (1990). Promoting mental health at the workplace: The prevention side of stress management. *Occupational Medicine: State of the Art Review*, 5, 739-754.

Ellam, L.D., Fieldman, G.B., Garlick, J., Goldsmth, R. & Pateman, C. (1994). Initial training as a stimulus for optiml physical fitness in firemen. *Ergonomics*, 37, 933-941.

Elliot, D.H. (1985). The offshore worker. *The practitioner,* 229, 565-571.

Elliot, G.R. & Eisdorfer, C. (1982). *Stress and human health*. New York: Springer.

Ellis, A. (1971). *The case against religion: A psychotherapist's view*. New York: Institute for Rational Living.

Endler, N.S. & Parker, J.D.A. (1990). *Coping Inventory for Stressful Situations*. Toronto: Multi-Health Systems.

Endler, N.S. & Parker, J.D.A. (1990). Multidimensional assessment of coping: A critical examination. *Journal of Personality and social Psychology*, 58, 5, 844-854.

Endler, N.S. & Parker, J.D.A. (1992). Interactionism revisited. Reflection on the continuing crisis in the personality area. *European Journal of Personality*, 6, 177-198.

Endler, N.S. & Parker, J.D.A. (1995). Assessing a patient's ability to cope. In F. Butcher (Ed.), *Practical considerations in clinical personality assessment* (pp. 329-359), New York: Oxford University Press.

Endler, N.S., Parker, J.D.A. & Rolland, J.P. (1998). *Manuel de l'inventaire CISS*. Paris: E.C.P.A.

Eulberg, J. R., Weekley, J. A. & Baghat, R. S. (1988). Models of stress in organizational research: A metatheoretical perspective. *Human Relations*, 41, 331-350.

Evans, B. J., Coman, G. J., Stanley, R. O. & Burrows, G. D. (1993). Police officers' coping strategies: An Australian police survey. *Stress Medicine*, 9, 237-246.

Evers, W. & Tomic, W. (2004). Burnout among Dutch reformed pastors. *Journal of Psychology and Theology*, 31, 329-338.

Exline, J. J. & Yali, A. M. (1999). *What college students believe about heaven, hell, and God's forgiveness.* Paper presented at Christianity and Human Development, Canton, OH.

Eysenck, M. W. (1997). *Anxiety and Cognition: A Unified Theory.* Hove, England UK: Psychology Press/Erlbaum (UK) Taylor & Francis.

Feist, G. J., Bodner, T. E., Jacobs, J. F. Miles, M. & Tan, V. (1995). Integrating top-down and bottom-up structural models of subjective well-being: A longitudinal investigation. *Journal of Personality and Social Psychology*, 68, 1, 138-150.

Feuerstein, M. (2002). Biobehavioral mechanisms of work related upper extremity disorders: A new agenda for research and practice. *Amercian Journal of Industrial Medicine*, 41, 293-297.

Feuerstein, M., (2002). Biebehavioral mechanisms of work related upper extremity disorders: A new agenda for research and practice. *American Journal of Industrial Medicine*, 41, 219-297.

Filipp, S.-H., Klauer, T., Freudenberg, E. & Ferring, D. (1990). The regulation of subjective well-being in cancer patients: An analysis of coping effectiveness. *Psychology and Health*, 4, 305-317.

Fisher, R. A. (1949). *The design of experiments.* New York: Hafner.

Fisher, C. D. & Gitelson, R. (1983). A meta-analysis of the correlates of role conflict and ambiguity. *Journal of applied psychology*, 68, 320-333.

Fletcher, B. (1988). The epidemiology of occupational stress. In C. L. Cooper & R. Payne (Eds), *Causes, Coping, and Consequences of Stress at Work* (pp. 3-50). Chichester: John Wiley and Sons.

Folkman, S. & Lazarus, R. S. (1980). An analysis of coping in a middle-aged community sample. *Journal of Health and Social Behavior*, 21, 219-239.

Folkman, S. & Lazarus, R. S. (1985). If it changes it must be a process: Study of emotion and coping during three stages of a college examination. *Journal of Personality and Social Psychology*, 48, 150-170.

Folkman, S. & Lazarus, R. S. (1986). Stress process and depressive symptomatology. *Journal of Abnormal Psychology,* 95, 2.

Folkman, S. & Lazarus, R.S. (1988). *Manual for the Ways of Coping Questionnaire.* Palo Alto, CA: Consulting Psychologists Press.

Folkman, S., Lazarus, R. S., Dunkel-Schetter, C. DeLongis, A. & Gruen, R. (1986a). The dynamics of a stressful encounter: cognitive appraisal, coping, and encounter outcomes. *Journal of Personality and Social Psychology*, 50, 5, 992-1003.

Folkman, S., Lazarus, R. S., Gruen, R. & DeLongis, A. (1986b). Appraisal, coping, health status, and psychological symptoms. *Journal of Personality and Social Psychology*, 50, 3, 572-579.

French, J.R.P., Caplan, R.D. & et Van Harrisson, R. (1982). The *Mechanisms of Job Stress and Strain*. Chichester: John Wiley & Sons.

Frese, M. & Zapf, D. (1999). On the importance of the objective environment in stress and attribution theory. Counterpoint to Perrewé and Zellars. *Journal of Organizational Behavior*, 20, 761-765.

Frese, M. & Zapf, D. (1988). Methodological issues in the study of work stress: objective versus subjective measurement of work stress and the question of longitudinal studies. In C.L. Cooper & R.L. Payne (Eds), *Causes, Coping and Consequences of Stress at Work*. Chichester: John Wiley & Sons.

Freud, A. (1946). *The Ego and the Mechanisms of Defence*. New York: International Universities Press.

Freud, S. (1973). *L'avenir d'une illusion*. Paris: Collection Bibliothèque de Psychanalyse (Version Originale publiée en 1927).

Freudenberger, H.J. (1974). The staff burnout. *Journal of Social Issues*, 30, 159-165.

Freudenberger, H.J. (1975). The staff burnout syndrome in alternative institutions. *Psychotherapy: Theory, Research and Practice*, 12, 73-82.

Freudenberger, H.J. & Richelson, G. (1980). *Burnout: The high cost of high achievement*. New York: Doubleday.

Frijda, N.H. (1986). *The Emotions*. Cambridge: Cambridge University Press.

Fuhrer, R., Stansfeld, S.A., Chemali, J. & Shipley, M.J. (1999). Gender, social relations and mental health: prospective findings from an occupational cohort (Whitehall II study). *Social Science and Medicine*, 48, 77-87.

Funk, S.C. & Houston, B.K. (1987). A critical analysis of the Hardiness scale's validity and utility. *Journal of Personality and Social Psychology*, 53, 572-578.

Gadzella, B.M. (1994). Locus of control differences among stress groups. *Perceptual and Motor Skills*, 79, 1619-1624.

Ganster, D.C. & Schaubroeck, J. (1991). Work Stress and Employee Health. *Journal of Management*, 17, 235-271.

Gartner, J. (1996). Religious commitment, mental health, and prosocial behaviour: A review of the empirical literature. In E.P. Shafranske (Ed.), *Religion and the clinical practice of psychology* (pp. 187-214). Washington, DC: American Psychological Association.

Gochfeld, M. (1995). Fire and pyrolisis products. In S.M. Brooks, M. Gochfeld & J. Herzstein (Eds), *Environmental Medicine* (pp. 470-478), St-Louis, Missouri.

Goldberg, D.P. (1972). *The detection of psychiatric illness by questionnaire*. London: Oxford University Press.

Goldberg, D.P. (1978). *Manual of the General Health Questionnaire*. Windsor: NFER Publishing Company.

Goldberg, L.R. (1990). An alternative description of personality: The Big-Five factor structure. *Journal of Personality and Social Psychology*, 59, 6, 1216-1229.

Grant, S. & Langan-Fox, J. (2007). Personality and the occupational stressor-strain: The role of the Big Five. *Journal of Occupational Health Psychology*, 12, 1, 20-33.

Haan, N.A. (1977). *Coping and Defending: Processes of Self-Environment Organization*, New York: Academic Press.

Hackman, J.R. & Oldham, G.R. (1975). Development of the Job Diagnostic Survey. *Journal of Applied Psychology*, 60, 2, 159-170.

Hackman, J.R. & Oldham, G.R. (1976). Motivation through the design of work: test of a theory. *Organizational Behavior and Human Performance*, 16, 250-279.

Harris, J.R. (1995). An examination of the transaction approach in occupational stress research. In R. Crandall & P.L. Perrewe (Eds), *Occupational Stress: A handbook* (pp. 21-38). London: Taylor & Francis.

Harris, L. & Associates (1985). Poll conducted for the Metropolitan Life Foundation.

Hart, P.M. (1994). Teacher quality of work life: Integrating work experiences, psychological distress and morale. *Journal of Occupational and Organisational Psychology*, 67, 109-132.

Hart, P.M. & Cotton, P. (2003). Conventional wisdom is often misleading: Police stress within an organisational health framework. In M.F. Dollard, A.H. Winefield & H.R. Winefield (Eds.), *Occupational stress in the service professions* (pp. 103-141). London: Taylor & Francis.

Hart, P.M., Wearing, A.J. & Heady, B. (1995). Police stress and well-being: Integrating personality, coping and daily work experiences. *Journal of Occupational and Organisational Psychology*, 68, 133-156.

Hewitt, P.L. & Flett, G.L. (1996). Personality traits and the coping process. In M. Zeidner & N.S. Endler (Eds), *Handbook of Coping: Theory, Research Applications*. Wiley: New York.

Hinkle, L.E. (1973). The concept of «stress» in the biological and social sciences. Science, Medicine and Management, 1, 31-48.

Hinkle, L.E. (1973). The concept of stress in the biological and social sciences. *Science, Medicine and Man*, 1, 31-48.

Hirschfeld, R.R. (2000). Does revising the intrinsic and extrinsic subscales of the Minnesota Satisfaction Questionnaire short form make a difference? *Educational and Psychological Measurement*, 60, 2, 255-270.

Holland, J.L. (1959). A theory of vocational choice. *Journal of Counseling Psychology*, 6, 35-45.

Holland, J.L. (1997). *Making vocational choices: A theory of vocational personalities and work environments* (3rd edition). Odessa, FL: Psychological Assessment Ressources.

Holmes, D.S. (1994). *Abnormal Psychology*. New York: Harper Collins.

Holmes, T.H. & Masuda, M. (1974). Life change and illness susceptibility. In B.S. Dohrenwend & B.P. Dohrenwend (eds) *Stressful life events: Their nature and effects*. New York: Wiley.

Holmes, T.H. & Rahe, R.H. (1967). The social readjustment rating scale. *Journal of Psychosomatic Research*, 11, 213-218.

Horwitz, B.N., Luong, G. & Charles, S.T. (2008). Neuroticism and Extraversion share genetic and environmental effects with negative and positive mood spillover in a national representative sample. *Personality and Individual Differences*, 45, 63-642.

Houtman, I. & Cedillo, L. (2008). Sensibilisation au stress professionnel dans les pays en développement. Protection de la santé des travailleurs N° 6. Organisation Mondiale de la Santé. <http://whqlibdoc.who.int/publications/2008/9789242591651_fre.pdf>.

Hunsberger, B., McKenzie, B., Pratt, M. & Pancer, S.M. (1993). Religious doubt: A social psychological analysis. In M.L. Lynn & D.O. Moberg (Eds), *Research in the social scientific study of religion* (Vol. 5, pp. 27-51). Greenwich, CT: JAI Press.

Hurrell, J. J. (1985). Machine-paced work and the Type A behavior pattern. *Journal of Occupational Psychology*, 58, 15-25.

IAFF (1995). *International Association of Firefighters 1995 Death & Injury Survey*. Washington DC: IAFF.

Ilies, R., Wilson, K. S. & Wagner, D. T. (2009). The spillover of daily job satisfaction onto employee family lives: The facilitating role of work-family integration. *Academy of Management Journal*, 52, 1, 87-102.

Ivancevitch, J. M. & Matteson, M. T. (1980). *Stress and Work: A managerial perspective*. Glenview, Ill.: Scott Foreman.

Izard, C. E., Kagan, J. & Zajonc, R. B. (1984). *Emotions, Cognition, and Behavior*. New York: Cambridge University Press.

Jacobson, E. (1938). *Progressive Relaxation*. Chicago: University Press.

Jackson, P. R., Wall, T. D., Martin, R. & Davids, K. (1993). New measures of job control, cognitive demand, and production responsibility. *Journal of Applied Psychology*, 78, 753-762.

Jackson, S. E. & Schuler, R. S. (1985). A meta-analysis and conceptual critique of research on role ambiguity and role conflict in work settings. *Organizational behavior and human decision processes*, 36, 16-78.

Jamner, L. D. & Leigh, H. (1999). Repressive defensive coping, endonegeous opioids and health: How a life so perfect can make you sick. *Psychiatry Research*, 85, 17-31.

Jamner, L. D., Schwartz, G. E. & Leigh, H. (1988). The relationship between repressive and defensive coping styles and monocyte, eosinophile and serum glucose levels: Support for the opiod peptide hypothesis of repression. *Psychosomatic Medicine*, 50, 567-575.

Jandorf, L., Deblinger, E., Neale, J. M. & Stone, A. A. (1986). Daily versus major life events as predictors of symptom frequency. *The Journal of General Psychology*, 113, 205-218.

Janis, I. L. (1958). *Psychological Stress: Psychoanalytical and Behavioral Studies of Surgical Patients*. New York: Wiley.

Jenkins, C. D., Hurst, M. W. & Rose, R. M. (1979). Life Changes: Do people really remember?, *Archives of General Psychiatry*, 36, 379-384.

Jensen, M. R. (1991). Psychobiological factors predicting the course of breast cancer. *Journal of Personality*, 55, 317-342.

Jex, S. M., Beehr, T. A. & Roberts, C. K. (1992). The meaning of occupational stress items to survey respondents. *Journal of Applied Psychology*, 77, 623-628.

Johnson, J. V., Hall, E. M. & Theorell, T. (1989). Combined effects of job strain and social isolation on cardiovascular disease morbidity and mortality in a random sample of the Swedish working population. *Scandinavian Journal of Work and Environmental Health*, 15, 271-279.

Jolley, M. T. & Spielberger, C. D. (1973). The effects of locus of control and anxiety on verbal conditioning. *Journal of Personality*, 41, 443-456.

Jones, F. & Bright, J. (2001). *Stress: myth, theory and Research*. Harlow, UK: Pearson education Limited.

Judge, T. A. & Hulin, C. L. (1993). Job satisfaction as a reflexion of a disposition: A multiple source causal analysis. *Organizational Behavior and Human Decision Processes*, 56, 388-421.

Judge, T. A. & Watanabe, S. (1993). Another look at the job satisfaction-life satisfaction relationship. *Journal of Applied Psychology*, 78, 939-948.

Judge, T. A., Erez, A., Bono, J. E. & Thoresen, C. J. (2002). Are Measures of Self-Esteem, Neuroticism, Locus of Control, and Generalized Self-Efficacy Indicators of a Common Core Construct? *Journal of Personality and Social Psychology*, 83, 3, 693-710.

Kagan, A. & Levi, L. (1971). Adaptation of the psychosocial environment to man's abilities and needs. In L. Levi (Ed.), *Society, Stress and Disease, Vol. 1: The Psychosocial Environment and Psychosomatic Disease* (pp. 339-404). London: Oxford University press.

Kalimo, R. (1980). Stress in work: Conceptual analysis and a study on prison personnel. *Scandinavian Journal of Work Environment Health*, 6, 3, 148.

Kanner, A. D., Coyne, J. C., Schaefer, C. & Lazarus, R. S. (1981). Comparison of two modes of stress measurement: Daily hassles and uplifts versus major life events. *Journal of Behavioral Medicine*, 4, 1-39.

Karasek, R. A. (1979). Job demands, Job decison latitude, and mental strain Implication for job redesign. *Administrative Science Quarterly*, 24, 285-306.

Karasek, R. A. & Theorell, T. (1990). *Healthy work: Stress, productivity, and the reconstruction of working life*. New York: Wiley & Sons.

Karasek, R. A., Baker, D., Merxer, F., Ahlbom, A. & Theorell, T. (1981). Job decision latitude, job demands, and cardiovascular disease: A prospective study of Swedish men. *American Journal of Public Health*, 71, 694-705.

Karasek, R. A., Brisson, C., Kawakami, N., Houtman, I., Bongers, P. & Amick, B. (1998). The job content questionnaire (JCQ): an instrument for internally comparative assessment of psychosocial job characteristics. *Journal of Occupational Health Psychology*, 3, 322-355.

Karasek, R. A., Gordon, G., Pietrovsky, C., Frese, M. Pieper, C. Schwartz, J., Fry, L. & Scirer, D. (1985). *Job content instrument: Questionnaire and user's guide*. University of Southern California, Department of Industrial and Systems Engineereing, Los Angeles.

Karasek, R. A., Theorell, T., Schwartz, J. E., Schnall, P. L., Pieper, C. F. & Michela, J. L. (1988). Job characteristics in relation to the prevalence of myocardial infarction in the US health examination survey (HES) and the health and nutrition examination survey (HANES), *American Journal of Public Health*, 78, 910-918.

Kasl, S. V. (1978). Epidemiological contributions to the study of work stress. In C. L. Cooper & R.L. Payne (Eds), *Stress at Work*. Chichester: Wiley & Sons.

Kelly, M. & Cooper, C. L. (1981). Stress among blue collar workers. A case study of the steel industry. *Employee Relations*, 3, 2, 108-111.

Keltner, D. & Gross, J. J. (1999). Functional accounts of emotions. *Cognition and Emotion*, 13, 467-480.

Koenig, H. G. (1997). *Is religion good for your health? The effects of religion on physical and mental health*. New York: Haworth Press.

Koenig, H. G., George, L. K. & Siegler, I. C. (1988). The use of religion and other emotion-regulating coping strategies among older adults. *Gerontologist*, 28, 303-310.

Kop, N., Euwema, M. & Schaufeli, W. (1999). Burnout, job stress and violent behaviour among Dutch police officers. *Work & Stress*, 13, 326-340.

Krause, N., Ragland, D. R., Geiner, B. A., Syme, L. & Fischer, J. M. (1997). Psychosocial job factors associated with back and neck pain in public transit operators. *Scandinavian Journal of Environmental Health*, 23, 179-186.

Kubler-Ross, E. (1970). *On Death and Dying.* London: Tavistock.

Kugelmann, R. (1992). *Stress: The Nature and History of Engineered Grief.* Westport, CT: Praeger.

Laflamme, N., Brisson, C., Moisan, J., Milot, A.M. & Vezina, M. (1998). Job strain and ambulatory blood pressure among female white-collar workers. *Scandinavian Journal of Work Environment and Health,* 24, 334-343.

Landers, D.M. & Petruzzello, S.J. (1994). Physical activity, fitness, and anxiety. In C. Bouchard, R.J. Shepard & T. Stephens (Eds), *Physical activity, fitness and health: International proceedings and consensus statement* (pp. 868-882). NJ: Prentice Hall.

Landy, F.J. & Trumbo, D.A. (1976). *Psychology of Work Behaviour.* Homewood, Ill: Dorsey Press.

Langelaan, S., Bakker, A.B, van Doornen, Schaufeli, W.B. (2006). Burnout and work engagement: Do individual differences make a difference? *Personality and Individual Differences,* 40, 521-532.

Larson, D.B., Swyers, J.P. & McCullough, M.E. (1997). *Scientific research on spirituality and health: A consensus report.* Rockville, MD: National Institute for Healthcare Research.

Lazarus, R.S. & Folkman, S. (1984). *Stress, Appraisal and Coping.* New York, Springer Publishing Company.

Lazarus, R.S. (1966). *Psychological Stress and the Coping process.* New York: McGraw-Hill.

Lazarus, R.S. (1981). The stress and coping paradigm. In C.Eisdorfer, D.Cohen, A. Kleinman & P. Maxim (Eds), *Models for Clinical Psychopathology* (pp. 177-214). New York: Spectrum.

Lazarus, R.S. (1990). Theory-based stress measurement. *Psychological Inquiry,* 1, 3-13.

Lazarus, R.S. (1991). *Emotions and Adaptation.* New York: Oxford University Press.

Lazarus, R.S. (1993). From psychological stress to the emotions: A history of changing outlooks. *Annual Review of Psychology,* 44, 1-21.

Lazarus, R.S. (1995). Psychological stress in the workplace. In R. Crandall & P.L. Perrewé (Eds), *Occupational Stress: A Handbook* (pp. 3-14). London: Taylor & Francis.

Lazarus, R.S. & Launier, R. (1978). Stress-related transactions between person and environment. In L.A. Pervin & M. Lewis (Eds), *Perspectives in Interactional Psychology* (pp. 287-327), New York: Plenum.

Lazarus, R.S., Cohen, J.B., Folkmann, S., Kanner, S. & Schaefer, C. (1980). Psychological stress and adaptation: Some unresolved issues. In H. Selye (ed.), *Selye's guide to stress research,* vol. 1. New York: Van Nostrand, Reinhold.

Légeron, P. (2001). *Stress au travail.* Paris: Odile Jacob.

Leigh, J. (1988). *Job Related Deaths in 347 Occupations.* San Jose: San Jose University Press.

Leka, S., Griffiths, A. & Cox, T. (2003). Organisation du travail et stress. Protection de la santé des travailleurs N° 3. *Organisation Mondiale de la Santé.* <http://www.who.int/occupational_health/publications/en/pwh3f.pdf>.

Leplat, J. (1997). *Regards sur l'activité en situation de travail, contribution à la psychologie ergonomique.* Paris: Presses Universitaires de France.

Lerner, J.S. & Keltner, D. (2001). Fear, anger and risk. *Journal of Personality and Social Psychology,* 81, 146-159.

Lespinasse, D. (2002). L'infirmier face aux psychotraumatismes chez les sapeurs pompiers. Travail de diplôme de l'Institut de Formation en Soins Infirmiers, Centre Hospitalier Intercommunal Annemasse-Bonneville.

Levin, J.S. (1996). How religion influences morbidity and health: Reflections on natural history, salutogenesis and host resistance. *Social Science Medicine*, 43, 849-864.

Levin, J.S. & Schiller, P.L. (1987). Is there a religious factor in health? *Journal of Religion and Health*, 26, 9-36.

Levine, S. & Ursin, H. (1991). What is stress? In M.R. Brown, G.F. Koob & C. Rivier (Eds), *Stress, Neurobiology and Neuroendocrinology* (pp. 3-21). New York: Marcel Decker.

Longua, J., DeHart, T., Tennen, H. & Armeli, S. (2009). Personality moderates the interaction between positive and negative daily events, predicting negative affect and stress. *Journal of Research in Personality*, 43, 547-555.

Lotufo-Neto, F. (1996). The prevalence of mental disorders among clergy in Sao Paulo, Brazil. *Journal of Psychology and Theology*, 24, 313-322.

Lucas, R.E. & Fujita, F. (2000). Factors influencing the relation between extraversion and pleasant affect. *Journal of Personality and Social Psychology*, 79, 1039-1056.

Lucas, R.E. & Gohm, C.L. (1999). Age and sex differences in subjective well-being across cultures. In E. Diener & E.M. Suh (Eds), *Subjective Well-being Across Cultures*. Cambridge, MA: MIT Press.

Lucas, R.E., Diener, E. & Suh, E. (1996). Discriminant validity of well-being meausres. *Journal of Personality and Social Psychology,* 71, 3, 616-628.

Lunde-Jensen, P. (1994). The costs of occupational accidents and work-related sickness in the Nordic countries. *Janus*, 18, 25-26.

Mahl, G.F. (1952). Relationship between cute and chronic fear and the gastric acidity and blood sugar levels in MAcaca Mulatta monkeys. *Psychosomatic Medicine,* 14, 182-210.

Mandler, G. (1983). Emotion and stress: A view from cognitive psychology. In L. Temoshok, C. Van Dicke & C. Zegand (Eds), *Emotion in health and illness theoretical and research foundations* (pp. 195-205), New York: Grune & Stratton.

Mandler, G. (1984). *Mind and Body: Psychology of Emotion and Stress*. New York: Norton.

Marmot, M., Siegrist, J., Theorell, T. & Feeney, A. (1999). Health and the psychosocial environment at work. In M. Marmot & R.G. Wilkinson (Eds), *Social determinants of health* (pp. 105-131). Oxford, England: Oxford University Press.

Marshall, J. & Cooper, C.L. (1979). Work experience of middle and senior managers. *Management International Review*, 19, 81-86.

Maslach, F. & Jackson, S.E. (198I). *The Maslach Burnout Inventory: Research Edition.* Palo Alto, California: Consulting Psychologists Inc.

Mason, J.W. (1975). A historical view of the stress field. *Journal of Human Stress*, 1, 22-36.

Massoudi, K., Mottet, S. & Erard, S. (2000). Processus d'évaluation des pasteurs. Travail de licence présenté à la faculté des Sciences Sociales et Politiques de l'Université de Lausanne.

Massoudi, K. (2001). La psychologie du conseil en orientation professionnelle. *Revue Economique et Sociale*, 4, 315-320.

Massoudi, K. (2003). L'intégration professionnelle. *Revue Economique et Sociale*, Juin, 55-63.

Massoudi, K. & Clot, E. (2006). De la situation d'évaluation à l'évaluation en situation. *Actualités Psychologiques*, 18, 27-41.

Mathe, A. A. & Knapp, P. H. (1971). Emotional and adrenal reactions to stress in bronchial asthma. Psychosomatic Medicine, 33, 323-340.

Mathews, K. A. & Haynes, S. G. (1986). Type A behaviour pattern and coronary risk : update and critical evaluation. *American Journal of Epidemiology*, 6, 923-960.

McCammon, S. (1996). Emergency medical service workers : Occupational stress and traumatic stress. In D. Paton & J. Violanti (Eds), *Traumatic stress in critical occupations* (pp. 58-86). Springfield, IL : Charles C. Thomas.

Mc Crae, R. R. & Costa, P. T. Jr. (1991). Adding Liebe und Arbeit : The Full Five factor model and well-being. *Personality and Social Psychology Bulletin*, 17, 227-232.

Mc Crae, R. R. & Costa, P. T. Jr. (1993). Trait explanations in personality psychology. *European Journal of Personality*, 9, 231-252.

McCrae, R. R. & Costa, P. T. (2004). A contemplated revision of the NEO Five-Factor Inventory. *Personality and Individual Differences*, 36, 587-596.

McFarlane, A. (1988). The longitudinal course of post-traumatic morbidity : The range of outcomes and their predictors. *Journal of Nervous and Mental Disease*, 176, 30-39.

McGrath, J. E. (1970). *Social and psychosocial factors in stress*. New York : Holt, Rhinehart & Wilson.

McGrath, J. E. (1976). Stress and behavior in organizations. In M. Dunnette (Ed.). *Handbook of Industrial and Organizational Psychology*. Chicago : Rand McNally.

Mechanic, D. (1962). *Students under Stress : A study in the social psychology of adaptation*. New York : The Free Press (reprinted 1978, University of Wisconsin Press).

Meichenbaum, D. (1977). *Cognitive behavior-behavioral modification : An integrative approach*. New York : Plenum Press.

Meunier, A. & Rolland, J. P. (2001). Pourquoi, quand et comment faut-il mesurer les émotions au travail ? In C. Levy-Leboyer, M. Huteau, C. Louche & J. P. Rolland (Eds), *La Psychologie du Travail* (pp. 535-557). Paris : Editions d'Organisation.

Mikkelsen, A., Saksvik, P. O., Eriksen, H. R. & Ursin, H. (1999). The impact of learning opportunities and decision authority on occupational health. *Work & Stress*, 13, 20-31.

Miller, S. M. & Mangan, C. E. (1983). Interacting effects of information and coping style in adapting to gynaecologic stress : Should the Doctor tell all ? *Journal of Personality and Social Psychology*, 45, 223-236.

Monroe, S. M. (1983). Major and minor life events as predictors of psychological distress : Further issues and findings. *Journal of Behavioral Medicine*, 6, 189-205.

Moorman, R. H. (1993). The influence of cognitive and affective based job satisfaction measures on the relationship between satisfaction and organizational citizenship behaviour. *Human Relations*, 6, 759-776.

Moskowitz, D. S. & Coté, S. (1995). Do interpersonal traits predict affect ? A comparison of three models. *Journal of Personality and Social Psychology*, 69, 915-924.

Motowidlo, S. Packard, J. S. & Manning, M. R. (1986). Occupational stress : Its causes and consequences for job performance. *Journal of Applied Psychology*, 71, 4, 618-629.

Moyle, P. & Parkes, K. (1999). The effects of transition stress : A relocation study. *Journal of Organizational Behavior*, 20, 5, 625-646.

Moyle, P. (1995). The role of negative affectivity in the stress process: tests of alternative models. *Journal of Organizational Behavior*, 16, 6, 647-668.

Muchinsky, P. M. (1996). The correction for attenuation. Educational and Psychological Measurement, 56, 63-75.

Murphy, S. A., Beaton, R. D., Pike, K. & Johnson, L. C. (1999). Occupational stressors, stress responses, and alcohol consumption among professional firefighters: A prospective, longitudinal analysis. *International Journal of Stress Management*, 6, 179-196.

Murphy, S. A., Bond, E. G., Beaton, R. D. & Murphy, J. (2002). Lifestyle Practices and Occupational Stressors as Predictors of Health Outcomes in Urban Firefighters. *International Journal of Stress Management*, 9, 4, 311-327.

Murrel, H. (1978). *Work stress and mental strain*. London: Work Research Unit.

Neboit, M. & Vézina, M. (2003). *Stress au travail et santé psychique*. Toulouse: Octares.

Newton, T. (1995). *Managing Stress: Emotion and Power at Work*. London: Sage.

Newton, T. J. (1989). Occupational stress and coping with stress: A critique. *Human Relations*, 42, 441-461.

Niaura, R., Herbert, P. N., McMahon, N. & Sommerville, L. (1992). Repressive coping and blood lipids in men and women. *Psychosomatic Medicine*, 54, 698-706.

Niedhamer, I., Goldberg, M., Leclerc, A., Bugel, I. & David, S. (1998). Psychosocial factors at work and subsequent depressive symptoms in the GAZEL cohort, *Journal of Scandinavian Work Environment and Health*, 24, 197-205.

Nielsen, M. E. (1998). An assessment of religious conflicts and their resolutions. *Journal for the Scientific Study of Religion*, 37, 181-190.

North, C. T., McCullagh, P. & Tran, Z. V. (1989). Effect of exercise on depression. *Exercise and Sports Science Reviews*, 18, 379-415.

Nunnally, J. C. & Bernstein, I. H. (1994). Psychometric theory (3rd ed.). New York: McGraw Hill.

O'Brien, T. B. & DeLongis, A. (1996). The interactional context of problem- emotion-, and relationship-focused coping: The role of the Big five Personality factors. *Journal of Personality*, 64, 4, 775-813.

O'Driscoll, M. P. (2001). Moderators of stressor strain relationships. In C. Cooper, P. Dewe & M. O'Driscoll (Eds), *Organizational Stress: A review and critique of theory, research and applications*. Thousand Oaks, CA: Sage Publications.

O'Leary, A. (1990). Stress, emotion and human immune function. *Psychological Bulletin*, 108, 363-382.

Ormel, J. & Wohlfarth, T. (1991). How neuroticism, long-term difficulties, and life situation change influence psychological distress: A longitudinal model. *Journal of Personality and Social Psychology*, 60, 5, 744-755.

Orris, P., Meluis, J. & Duffy, R. M. (1995). Fire fighters safety and health, *Occupational Medicine*, 10, 691-884.

Pancheri, P., Martini, A., Tarsitani, L., Rosati, M. V., Biondi, M. & Tomei, F. (2002). Assessment of subjective stress in the municipal police force of the city of Rome. *Stress and Health*, 18, 127-132.

Paoli, P.; Merllié, D. (1991). *Première enquête européenne sur les conditions de travail 2000*. Luxembourg: Office des publications officielles des Communautés européennes.

Paoli, P.; Merllié, D. (1996). *Seconde enquête européenne sur les conditions de travail 2000*. Luxembourg: Office des publications officielles des Communautés européennes.

Paoli, P.; Merllié, D. (2001). *Troisième enquête européenne sur les conditions de travail 2000*. Luxembourg: Office des publications officielles des Communautés européennes.

Paragment, K.I. (1997). *The psychology of religion and coping*. New York: Guilford.

Pargament, K.I. (1990). God help me: Towards a theoretical framework of coping for the psychology of religion. *Research in the Scientific Study of Religion*, 2, 195-24.

Pargament, K.I., Smith, B.W., Koenig, H.G. & Perez, L. (1998). Patterns of positive and negative religious coping with major life stressors. *Journal for the Scientific Study of Religion*, 37, 710-724.

Park, C.L. & Cohen, L.H. (1993). Religious and nonreligious coping with the death of a friend. *Cognitive Therapy and Research*, 17, 561-577.

Parker, J.D.A. & Endler, N.S. (1996). Coping and defense: A historical overview. In M. Zeidner & N.S. Endler (Eds.), *Handbook of Coping*. New York: John Wiley and Sons.

Parkes, C.M. (1972). *Bereavement. Studies of Grief in Adult Life*. Harmondsworth: Penguin Books.

Parkes, K.R. (1984). Locus of Control, cognitive appraisal and coping in stressful episodes. *Journal of Personality and Social Psychology*, 46, 655-668.

Parkes, K.R. (1986). Coping in stressful episodes: the role of individual differences, envrionemental factors, and situational characteristics. *Journal of Personality and Social Psychology*, 51, 1277-1292.

Parkes, K.R. (1990). Coping, Negative affectivity and the work environment: Additive and interactive predictions of mental health. *Journal of Applied Psychology*, 75, 399-409.

Parkes, K.R. (1991). Locus of Control as moderator: An explanation for additive versus interactive findings in the demand-discretion model of work stress? *British Journal of Psychology*, 82, 291-312.

Parkes, K.R. (1994). Personality and coping as moderators of work sress process: Models, methods and measures. Work & Stress, 8, 110-129.

Paton, D. & Smith, L. (1995). Psychological trauma in critical occupations: Methodological and assessment strategies. In D. Paton & J. Violanti (Eds.), *Traumatic stress in critical occupations* (pp. 15-57). Springfield, IL: Charles C. Thomas.

Paton, D., Cacioppe, R. & Smith, L. (1995). Critical incident stress in the West Australian fire brigade. In D. Paton & J. Violanti (Eds.), *Traumatic stress in critical occupations* (pp. 35-36). Springfield, IL: Charles C. Thomas.

Paton, D., Ramsay, R. & Sinclair, D. (1995). Occupational and traumatic stress in Lothian and Borders fire brigade. In D. Paton & J. Violanti (Eds), *Traumatic stress in critical occupations* (pp. 35-36). Springfield, IL: Charles C. Thomas.

Paulhan, I. & Bourgeois, M. (1995). *Stress et coping: Les stratégies d'ajustement à l'adversité*. Paris: Presse Universitaires de France.

Pavot, W. & Diener, E. (1993). The affective and cognitive context of self-reported measures of subjective well-being. *Social Indicators Research*, 28, 1-20.

Payne, R. (1988). Individual differences in the study of occupational stress. In C.L. Cooper & R. Payne (Eds), *Causes, coping and consequences of stress at work*. New York: John Wiley & Sons Ltd.

Peabody, D. & Goldberg, L. R. (1989). Some determinants of factor structures from persona-
    lity-trait descriptors. *Journal of Personality and Social Psychology*, *57*, 552-567.

Pearlin, L. I. (1989). The sociological study of stress. *Journal of Health and Social Beha-
    vior*, 19, 2-21.

Pearlin, L. I. & Schooler, C. (1978). The structure of coping. *Journal of Health and Social
    Behavior*, 22, 337-356.

Peiro, J. M., González-Romá, V. & Lloret, S. (1994). Role stress antecedents and consequences
    in nurses and physicians working in primary health care teams : a causal model. *Euro-
    pean Review of Applied psychology*, 44, 2, 105-114.

Perkonnig, A. (1991). *Die Bedeutung sozialer Netzwerke und sozialer Unterstützung bei
    der Verarbeitung von Belastungen.* Salzburg : Universität, Institut für Psychologie.

Perrez, M. & Reicherts, M. (1989). Belastungsverarbeitung. Computergestützte Selbstbeobach-
    tung im Feld. *Zeitschrift für Differentielle und Diagnostische Psychologie*, 10, 129-139.

Perrez, M. & Matathia, R. (1993). Differentielle Effekte des Bewältigungsverhaltens und
    seelische Gesundheit. *Zeitschrift für Gesundheitpsychologie*, 1, 235-253.

Peter, R., Alfredsson, L., Hammer, N. L., Siegriest, J., Theorell, T. & Westerholm, P. (1998).
    High effort, low reward and cardiovascular risk factors in employed Swedish men and
    women: baseline results from the WOLF study. *Journal of Epidemiology and Commu-
    nity Health*, 52, 548-557.

Pezet Langevin, V. & Rolland, J. P. (1999). Job characteristics, burnout, and withdrawal from
    work attitude. *European Review of Applied Psychology,* 49, 3, 239-248.

Pieper, C., La Croix, A. Z. & Karasek, R. A. (1989). The relation of psychosocial dimensions
    of work with CHD risk : a meta-analysis of five united states data bases. *American Jour-
    nal of Epidemiology*, 129, 483-494.

Pollock, K. (1988). On the nature of social stress : production of a modern mythology. *Social
    Science and Medicine,* 26, 381-392.

Ponnelle, S. (1998). *Rôle des déterminents contextuels et personnels dans l'ajustement aux
    situations de stress.* Amiens : Presses Universitaires du Septentrion.

Ponnelle, S. (2003). Des déterminants du stress à la santé au travail : L'exemple des sapeurs-
    pompiers. In M. Neboit & M. Vézina (Eds), *Stress au travail et santé psychique.* Tou-
    louse : Octares.

Ponnelle, S. & Vaxevanoglou, X. (1997). Le stress au quotidien : Les sapeurs pompiers en
    intervention, *Archives des Maladies Professionnelles*, 59, 190-199.

Powell, L. H. (1987). Issues in the measurement of Type A behaviour pattern. In S. V. Kasl &
    C. L. Cooper (Eds), *Stress and Health : Issues in Research Methodology.* Cheichester :
    John Wiley & Sons.

Prossie-Wamala, S., Wolk, A., Schenck-Gustofsson, K. & Orth-Gomer, K. (1997). Lipid
    profile and socio-economic status in healthy middle aged women in Sweden, *Journal of
    Epidemiological Community Health*, 51, 400-407.

Rahe, R. H. & Lind, E. (1971). Psychosocial factors and sudden cardiac death. *Journal of
    Psychosomatic Research*, 8, 487-491.

Rahe, R. H. & Paasikivi, J. (1971). Psychosocial factors and myocardial infarction. An out-
    patient study in Sweden. *Journal of Psychosomatic Research*, 8, 35-44.

Ramaciotti, D. & Perriard, J. (2000). *Les coûts du stress en Suisse.* Zürich : SECO – Ressort
    Arbeit und Gesundheit.

Reed, M. A. & Derryberry, D. (1995). Temperament and attention to positive and negative trait information. *Personality and Individual Differences*, 18, 1, 135-147.

Reicherts, M. (1994). *Trouble panique: modèles psycho-physiologiques et nouvelles approches thérapeutiques*. Papier présenté à l'Université de Louvain-la-Neuve.

Reicherts, M. (1999). *Comment gérer le stress? Le concept des règles cognitivo-comportementales*. Fribourg: Editions Universitaires.

Reicherts, M. & Perrez, M. (1993). *Fragebogen zum Ungang mit Belastungen im Verlauf UBV*. Bern: Verlag Hans Huber.

Rivolier, J. (1989). *L'homme stressé*. Paris: Presses Universitaires de France.

Rivolier, J. (1993). Le concept de stress. In L. Chneiweiss & E. Albert (Eds), *Stress et anxiété: les faux semblants* (13-55). Paris: Upjohn.

Rizzo, J. R., House, R. J. & Lirtzman, S. I. (1970). *Role conflict and ambiguity in complex organizations*. Administrative Science Quarterly, 15, 150-163.

Robins, R. W., Fraley, R. C., Roberts, B. W. & Trzesniewski, K. H. (2001). A longitudinal study of personality change in young adulthood. *Journal of Personality*, 69, 617-640.

Rolland, J. P. (1990). *Le syndrome de burnout chez les enseignants*. Communication au VIe Congrès International de Psychologie du Travail, Nivelles.

Rolland, J. P. (1991). *Adaptation française du Percieved Stress Scale*. Département de Psychologie. Université de Paris X Nanterre.

Rolland, J. P. (1998). *Inventaire E.N.P.* Document Polycopié. Département de Psychologie. Université de Paris X Nanterre.

Rolland, J. P. (1998). Examen du rôle respectif de dispositions personnelles et de caractéristiques de l'environnement professionnel sur le bien-être subjectif au travail. *Actes des XIIIe Journées de Psychologie Différentielle*, Paris.

Rolland, J. P. (1999). Modèles psychologiques du stress. *Pratiques Psychologiques*, 4, 99-122.

Rolland, J. P. (2000). Le bien-être subjectif: Revue de question. *Pratiques Psychologiques*, 1, 5-21.

Rolland, J. P. (2003). Rôle de la personnalité dans les mécanismes du stress. In M. Neboit & M. Vezina (Eds.). *Stress au travail et santé psychique*. Toulouse: Octarès.

Rolland, J. P. & De Fruyt, F. (2003). The Validity of FFM Personality Dimensions and Maladaptive Traits To Predict Negative Affects At Work: A 6 Months Prospective Study in a Military Sample. *European Journal of Personality*, 17, 101-121.

Ross, L. (1977). The intuitive psychologist and his short comings: distorsions in the attribution process. In L. Berkowitz (Ed.) *Advances in experimental social psychology*, vol. 10, 173-220. New York: Academic Press.

Rose, R. M. (1980). Endocrine Responses to stressfull psychological events. *Psychiatric Clinics of North America*, 3, 251-276.

Rosenman, R. H., Friedman, M., Straus, R., Wurm, M., Kositchek, R., Hahn, W. & Werthessen, N. Y. (1964). A predicitve study of coronary heart disease: The Western Collaborative Group Study. *Journal of the American Medical Association*, 189, 15-22.

Rossier, J., Rigozzi, C. & Berthoud, S. (2002). Validation de la version française de l'échelle de contrôle de Levinson (IPC), influence de variables démographiques et de la personnalité. *Annales Médico- Psychologiques*, 160, 138-148.

Rotter, J. B. (1966). Generalized expectancies for internal versus external control of reinforcement. *Psychological Monographs*, 80, 1-28.

Rusting, C.L. & Larsen, R.J. (1997). Extraversion, neuroticism, and susceptibility to positive and negative affect: A test of two theoretical models. *Personality and Individual
Differences*, 22, 607-612.

Rychlak, J.F. (1981). *Introduction to Personality and Psychotherapy: A Theory-Construc-
tion Approach*, Boston: Houghton Mifflin.

Salas, E., Driskell, J.E. & Hughes, S. (1996). Introduction: The study of stress and human
performance. In Driskell, J.E. & Salas, E. (Eds), *Stress and Human Performance* (pp. 1-
45). Mahwah (NJ): Lawrence Erlbaum Associates.

Schaubroek, J.S. & Ganster, D.C. (1991). The role of affectivity in work related stress.
Journal of Social behavior and Personality, 6, 319-330.

Schaufeli, W.B. & Van Dierendonck, D. (1993). The construct validity of two burnout measures. *Journal of Organizational Behavior*, 14, 631-647.

Scheier, M.F. & Carver, C.S. (1985). Optimism, coping, and health: Assessment and implications of generalized outcome expectancies. *Health Psychology*, 4, 219-247.

Scherer, K.R. & Ekman, P. (1984). *Approaches to Emotion*. Hillsdale, NJ: Erlbaum.

Schimmack, U. & Diener, E. (1997). Affect intensity: Separating intensity and frequency in
repeatedly measured affect. *Journal of Personality and Social Psychology*, 73, 6, 1313-
1329.

Schroeder, D.H. & Costa, P.T. (1984). Influence of life event stress on physical illness:
Substantive effects or methodological flaws? *Journal of Personality and Social Psychology*, 46, 4, 853-863.

Schuler, R.S. (1980). Definition and conceptualization of stress in organizations. *Occupational Behavior and Human Performance*, 25, 184-215.

Schulz, J.H. (1932). *Das autogene training. Versuch einer klinisch-praktischen Darstel-
lung*. Stuttgart: Thieme.

Schwartz, J., Pieper, C. & Karasek, R.A. (1988). A procedure for linking job characteristics
to health surveys. *American Journal of Public Health*, 78, 904-909.

Selye, H. (1936). A syndrome produced by diverse nocuous agents. *Nature*, 138, 2.

Selye, H. (1946). The General Adaptation Syndrome and the diseases of adaptation. *Journal
of Clinical Endocrinology*, 6, 12, 117-230.

Selye, H. (1950). *Stress*. Montreal: Acta Inc.

Selye, H. (1956). *The stress of life*. New York: McGraw-Hill.

Selye, H. (1976). *Stress in health and disease*. Boston: Butterworth.

Siegriest, J., Peter, R., Cremer, P. & Seidel, D. (1997). Chronic work stress is associated
with atherogenic lipids and elevated fibrirogen in middle-aged men. *Journal of Internal
Medicine*, 242, 149-156.

Skov, T., Borg, V. & Orhede, E. (1996). Psychosocial and physical risk factors for musculoskeletal disorders of the neck, shoulders, and lower back in sales-people. *Occupational
and Environmental Medicine*, 53, 351-356.

Smits, D.J.M., De Boeck, P., Kuppens, P. & Van Mechelen, I. (2002). The structure of negative emotion scales: Generalization over contexts and comprehensiveness. *European
Journal of Personality*, 16, 127-141.

Spector, P.E. (1997). *Job Satisfaction: Application, assessment, causes, and consequences*.
Thousand oaks, CA: Sage.

Spector, P. E. & Jex, S. M. (1991). Relations of job characteristics from multiple data sources with employee affect, absence, turnover intentions, and health. *Journal of Applied Psychology*, 76, 46-53.

Spokane, A. R. (1985). A review of research on person-environement congruence in Holland's theory of careers. *Journal of Vocational Behavior*, 26, 306-343.

Spokane, A. R., Meir, E. I. & Catalano, M. (2000). Person-environement congruence and Holland's theory: A review and reconsideration. *Journal of Vocational Behavior*, 45, 41-54.

Steel, P., Schmidt, J. & Shultz, J. (2008). Refining the relationship between personality and subjective well-being. *Psychological Bulletin*, 134, 1, 138-161.

Steptoe, A. (1991). Psychological coping, individual differences and physiological stress responses. In C. L. Cooper & R. Payne (Eds), *Personality and stress: Individual differences in the stress process* (pp. 205-233). Chichester: John Wiley & Sons.

Stone, A. A. & Neale, J. M. (1982). Development of a methodology for assessing daily experiences. In A. Baum & J. Singer (Eds), *Advances in Environmental Psychology: Environement and Health*. Hillsdale, NJ: Erlbaum.

Stone-Romero, E. F. (1994). Construct validity issues in organizational behavior research. In J. Greenberg (Ed.), *Organizational behavior: The state of the science* (pp. 155-179). Hillsdale, NJ: Lawrence Erlbaum.

Storr, C. J., Trinkoff, A. M. & Anthony, J. C. (1999). Job strain and non-medical drug use. *Drug and Alcohol Dependence*, 55, 45-51.

Sutherland, V. & Cooper, C. L. (1990). *Understanding Stress. A Psychological Perspective for Health Proefessionals*. London: Chapman & Hall.

Syme, S. L., Hyman, M. M., Enterline, P. E. (1964). Some social and cultural factors associated with the occurence of coronary heart disease. *Journal of Chronic Diseases*, 17, 277-289.

Taveira, M. D. C., Silva, M. C., Rodriguez, M. L. & Maia, J. (1998). Individual characteristics and career exploration in adolescence. *British Journal of Guidance & Counselling*, 26, 89-104.

Tellegen, A. (1985). Structure on mood and personality and their relevance to assessing anxiety, with an emphasis on self-report. In A. H. Tuma & J. D. Maser (Eds), *Anxiety and anxiety disorders* (pp. 681-706). Hillsdale, HJ: Erlbaum.

Terry, D. J. (1991). Coping, Resources and situational appraisals as predictors of coping behavior. *Personality and Individual Differences*, 12, 10, 1031-1047.

Theorell, T. & Rahe, R. H. (1971). Psychosocial factors and myocardial infarction. *Journal of Psychosomatic Research*, 15, 25-31

Tinsley, H. E. A. (2000). The myth of congruence. *Journal of Vocational Behavior*, 40, 109-110.

Tokar, D. M., Fischer, A. R. & Subich, L. M. (1998). Personality and vocational behavior: A selective review of litterature, 1993-1997. *Journal of Vocational Behavior*, 53, 115-153.

Tomic, W., Tomic, D. M. & Evers, W. J. G. (2004). A question of burnout among reformed Church ministers in the Netherlands. *Mental Health, Religion & Culture*, 7, 225-247.

Tyler, L. E. (1995). The challenge of diversity. In D. Lubinsky & R. Dawis (Eds), *Assessing individual differences in human behavior: New concepts, methods and findings* (pp. 1-13). Palo-Alto, CA: Davies-Black.

U.S. Bureau of Labor Statistics (1995). *National Census of Fatal Occupational Injuries* (Bulletin N° 315). Washington DC.

Uhlenhuth, E. H., Haberman, S. J., Balter, M. D. & Lipman, R. S. (1977). Remebering life events. In J. S. Strauss, H. M. Babigan & M. Ruff (Eds), *Theory and Course of Psychopathology*, New York: Plenum.

Ulrich de Muynck, R. & Ullrich, R. (1976). *Das assertiveness-trainings-programm ATP. Einübung von selbstvertrauen und sozialer Kompetenz.* München: Pfeiffer.

Ursin, H. (1988). Expectancy and activation: an attempt to systematize stress theory. In D. Hellhammer, I. Florin & H. Weiner (Eds), *Neurobiological Approaches to Human Disease* (pp. 313-334). Toronto: Hans Huber.

Valliant, G. E. (1977). *Adaptation to Life*. Boston: Brown.

Valliant, G. E. (1994). Ego mechanisms of defense and personality psychopathology. *Journal of Abnormal Psychology,* 103, 44-50.

Vendelen, E. (1994). Itinéraire parmi des professions pas gâtées. In S. Moors (Ed.), *Stress et travail: Origines et approches* (pp. 185-211), Bruxelles: INRCT.

Vézina, M. (2003). Stress au travail et santé psychique: rappel des différentes approches. In M. Neboit & M. Vezina (Eds). *Stress au travail et santé psychique.* Toulouse: Octarès.

Vollrath, M., Torgersen, S. & Alnaes, R. (1995). Personality as long term predictor of coping. *Personality and Individual Differences*, 18, 1, 117-125.

Wall, T. D., Bolden, R. I., Borrill, C. S., Carter, A. J., Golya, D. A., Hardy, G. E., Haynes, C. E., Rick, J. E., Shapiro, D. A. & West, M. A. (1997). Minor psychiatric disorders in NHS trust staff: Occupational and gender differences. *British Journal of Psychiatry*, 171, 519-523.

Wallick, F. (1972). *The American Worker: An Endangered Species*. Ballantine, New York.

Walsh, W. B. (1973). *Theories of person-environement interaction: Implications for the college student*. Iowa City, IA: American College Testing Program.

Walsh, W. B., Craik, K. H. & Price, R. H. (2000). *Person-environment psychology: New directions and perspectives*. Mahwah, NJ: Erlbaum.

Warr, P. (1987). *Work, Unemployment and Mental Health*. Oxford: Oxford University Press.

Warr, P. (1992). Age and occupational well-being. *Psychology and Aging*, 7, 37-45.

Warr, P. & Payne, R. L. (1982). Experiences of strain and pleasure among British adults. *Social Sciences and Medicine*, 16, 1691-1697.

Watson, D. & Clark, L. A. (1984). Negative Affectivity: The disposition to experience aversive emotional states. *Psychological Bulletin*, 96, 6465-490.

Watson, D. & Clark, L. A. (1992). On traits and temperament: General and specific factors of emotional experience and their relations to the Five-Factor Model. *Journal of Personality,* 60, 441-476.

Watson, D. & Clark, L. A. (1997). Measurement and mismeasurement of mood: Recurrent and emergent issues. *Journal of Personality Assessment*, 68, 267-296.

Watson, D. & Hubbard, B. (1996). Adaptational Style and Dispositional Structure: Coping in the context of Five Factor Model. *Journal of Personality*, 64, 4, 737-774.

Watson, D., Wiese, D., Vaidya, J. & Tellegen, A. (1999). Two general activation systems of affect: Structural findings, evolutionary considerations, and psychobiological evidence. *Journal of Personality and Social Psychology*, 76, 820-838.

Weiss, D. J., Dawis, R. V., England, G. W. & Lofquist, L. H. (1967). *Manual for the Minnesota Satisfaction Questionnaire.* Minneapolis: University of Minnesota, Industrial Relations Center.

Wheaton, B. (1994). Sampling the stress universe. In W. R. Avison & I. H. Gotlieb (Eds), *Stress and mental health: Contemporary issues and prospects for the future.* New York: Plenum Press, pp. 77-114.

Wheaton, B. (1996). The domains and boundaries of stress concepts. In H. B. Kaplan (Ed.), *Psychosocial stress.* London: Academic Press, 29-70.

Wilkinson, R. (1997). Socioeconomic determinants of health: Health inequalities: relative or absolute material standards? *British Medical Journal,* 314, 591.

Wolf, S. & Wolff, H. G. (1947). *Human gastric function: An experimental study of a man and his stomach.* New York: Oxford University Press.

Wong, P. T. P. & Reker, G. T. (1985). Stress, coping, and well-being in Anglo and Chinese elderly. *Canadian Journal on Aging,* 4, 29-37.

Worthen, B. R., White, K. R., Fan, X. & Sudweeks, R. R. (1999). *Measurement and assessment in schools* (2nd ed.). New York: Allyn & Bacon/Longamn.

Zajonc, R. B. (1984). On the primacy of affect. *American Psychologist,* 39, 2, 117-123.

Annexes 1: Distribution des scores moyens par groupe professionnel

La structure de la personnalité par groupe professionnel

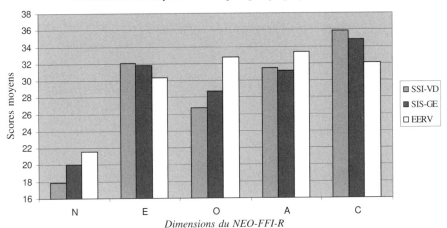

Dimensions du NEO-FFI-R

N = Névrosisme; E = Extraversion; O = Ouverture; A = Agréabilité; C = Conscience

Les caractéristiques professionnelles par groupe professionnel

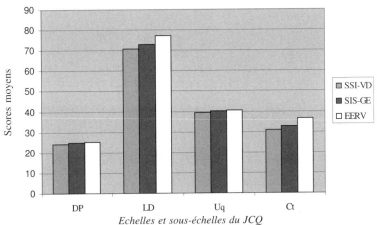

Echelles et sous-échelles du JCQ

DP = Demande Psychologique; LD = Latitude Décisionnelle;
Uq = Utilisation des qualifications; Ct = Contrôle sur la tâche

Distribution des scores au CISS par groupe professionnel

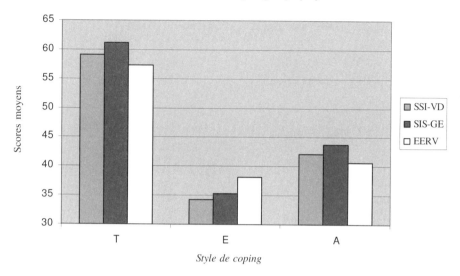

Style de coping

Distribution des scores au PSS et au E.N.P. par groupe professionnel

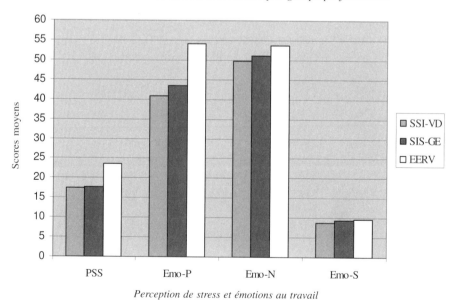

Perception de stress et émotions au travail

Distribution des scores au SWLS et au Jobsat par groupe professionnel

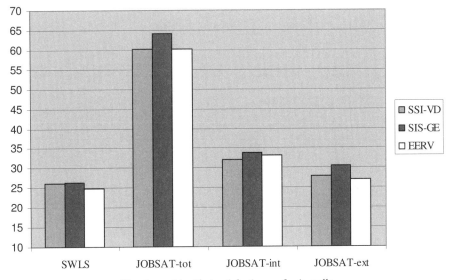

Bien-être subjectif et satisfaction professionnelle